노후소득백서

내 집 두 채는
어디로 갔을까?

노후소득백서
내 집 두 채는 어디로 갔을까?

2024년 11월 11일 초판1쇄 인쇄

지은이	박문찬
	busisi1229@hanmail.net
펴낸이	김소휘
펴낸곳	하늘책
출판등록	2009년 8월 24일(제338-2009-000006호)
주소	부산광역시 해운대구 센텀동로 57 (부산디자인진흥원) 702-2호
전화	051-611-3970 **팩스** 051-611-3972

ISBN 978-89-97840-38-0
가격 17,500원

잘못된 책은 구입한 곳에서 바꾸어 드립니다.
이 책은 저작권법에 따라 보호받는 저작물이므로 무단 전재와 무단 복제를 할 수 없습니다.

노후소득백서

내 집 두 채는
어디로 갔을까?

박문찬 지음

하늘책

추천서문

이 책은 노후를 준비하는 사람들뿐만 아니라 모든 직장인이 꼭 읽어야 할 노후 대비지침서이다. 막연한 낙관에서 벗어나 예기치 않은 상황에 대비할 수 있는 심리적 준비와 실질적 재정 계획을 돕는 책이다. 풍부한 사례와 저자의 깊이 있는 세무 지식이 더해져 책의 신뢰성을 한층 높여준다. 어느덧 현실로 다가온 고령화 시대를 살아가는 모든 이들에게 주저 없이 읽어 보기를 추천한다.

주우진 (서울대학교 경영대학 교수)

이 책 『내 집 두 채는 어디로 갔을까?』는 최근 급속하게 진행되고 있는 초고령화 사회에 대한 경종을 울려준다. 다른 나라에 비해 상대적으로 노후 준비가 부족한 우리나라의 현실 진단과 함께 청장년층들에게 안정적인 노후 생활을 사전에 준비할 수 있는 실제적인 방법을 제공한다. 다양한 분야에서 체계적으로 분석하여 제공하는 저자의 대비책은 노후 생활의 든든한 길잡이 역할을 하기에 손색이 없는 우수한 책으로 일독을 권한다.

김정교 (부산대학교 경영대학 명예교수, 공인회계사)

나이 듦이 축복이 되기를 바라는 사람은 반드시 읽고 실행해야 할 재무 정보가 가득한 책이 나왔다. 본인의 노후를 준비하는 사람은 물론, 사랑하는 부모님의 행복한 노후에 관심이 있는 자녀들에게 꼭 필요한 책이 나왔다. 빨리 알면 알수록 더 유리한 정보를 누구보다 먼저 획득하기를 바란다.

송영록 (메트라이프생명 대표이사)

이 책은 100세 시대를 맞이한 요즘 노후 3대 불안 요인인 돈, 건강, 외로움 중 재정(돈) 문제를 중점적으로 다루고 있다. 중대질병으로 집 두 채를 날린 사례와 밤도둑처럼 찾아온 퇴직을 당해 당황해하는 사례를 통해, 어느 날 불쑥 예기치 않게 찾아올 수 있도 있는 불행에 대한 대비책을 소개한다.

첫째, 공적 사적연금으로 가장 많은 연금을 만들고 현명하게 인출하는 방법이다.

둘째, 노후 3대 불안을 해소하는 최선의 방법이라고 할 수 있는 일자리를 찾고 유지해 가는 지혜를 알려준다. 이어서 부동산 임대 소득, 금융 소득, 이전소득, 승계소득, 지식 재산소득, 양도소득, 보험금 등 총 9가지 소득을 얻고 관리하는 방법에 대해 구체적인 사례를 들어 쉽고 재미있게 소개하고 있다.

퇴직 전후에 있는 분들은 물론 행복한 노후를 준비하려는 젊은 세대들에게도 자신있게 일독하기를 권한다.

강창희 (행복100세 자산관리 연구회 대표, 前 미래에셋 부회장)

노후 준비를 위한 필독서! 사회 초년생부터 모든 연령대가 읽기만 해도 쏙쏙 이해되는 알찬 정보가 가득한 『내 집 두 채는 어디로 갔을까?』에는 현실로 다가온 노후 대책에 대한 다양한 방법을 제공한다.

은퇴 전문가인 저자의 다양한 경험을 바탕으로 금융 전반 지식의 대담한 통찰력, 설득력 있는 분석 등 누구에게나 다가올 은퇴, 노후준비에 대한 다양한 요소가 담겨있다. 매 순간 선택과 결정의 작은 아이디어가 인생에 가장 중요한 시기인 노후를 어떻게 변화 시키는지 이해하고 싶다면 이 책을 놓쳐서는 안 된다.

박승배 (메트라이프금융서비스 대표이사)

오랜만에 반가운 전화를 받았다. 멀리 부산에서 온 전화였다. 저자와의 인연은 금융 공기업에서 시작되어 지금껏 이어오고 있다. 서평을 쓸 자료를 보내 달라 했더니 제목 『내 집 두 채는 어디로 갔을까?』가 우선 눈에 확 들어왔다. 주저 없이 읽기 시작하여 끝까지 단숨에 읽어 내려갔다. 오랜만이었다. 책을 단숨에 끝까지 읽어 본 것은….

책을 읽는 내내 저자의 땀과 노력 그리고 세심한 고민의 흔적이 곳곳에 묻어났다. 더불어 초고령화 사회를 눈앞에 둔 우리의 답답한 현실을 사람들이 어떻게 헤쳐 나가야 좋을지에 대한 저자의 안타까움과 고민의 결과를 책 속에 아주 쉽게 풀어내 주었다. 어려운 주제를 쉽게 풀어내고 거기에 다양한 사례를 곁들어 읽는 데 막힘이 없게 만드는 훌륭한 재주를 저자가 가지고 있음을 확인하며 서평을 쓰는 내가 오히려 뿌듯하고 감사했다.

필자는 1부에 남의 일이 아닌 은퇴의 문제로 시작해서 2부에 노후소득 백서를 통해 우리가 노후에 살아가는 데 필요한 다양한 소득원을 아주 자세히 사례를 들어가며 정리해 주었다. 3부에 노후의 경제적 자유에 대한 저자의 생각을 일목요연하게 잘 갈무리해 주었다. 그리고 마지막으로 '儉而不陋 活而不擾'(검이불루 활이불요: 검소하나 누추하지 않고 활기가 있으나 요란하지 않다)라는 맛깔나는 문장으로 끝맺음을 하고 있다.

책의 제목에서 우리나라의 자산 구성이 부동산에 너무 집중되어 있음을 알게 해주었지만, 저자의 해법은 다양한 자산으로부터의 다양한 소득을 만들어내고 이를 노후의 경제적 자유를 얻을 수 있는 방안으로 제시해 주었다. 은퇴를 앞둔 세대는 물론이고 중장년층까지도 이 책을 잘 읽어 봄으로써 얻는 다양한 노후 소득의 원천을 살피고 각자의 생활에 잘 적용하면 많은 도움이 되리라 생각한다.

훌륭한 책의 서평을 쓸 기회를 준 저자에게 깊은 감사의 마음을 전하며, 주저 없이 이 책을 주변의 사람들과 같이 일독하기를 권한다.

이재광 (이에스지모네타 대표, 前 주택도시보증공사 사장)

프롤로그

2020년 1월 20일로 기억한다.

"설마 큰 난리는 아니겠지……. 그냥 잠시 머물다가 끝났으면 좋겠다."

어머니를 뵙고 돌아오던 차 안에서 한국 입국자 가운데 코로나19 감염자가 발견됐다는 소식을 들었다. 이때만 해도 코로나19의 위력이 어느 정도인지 상상조차 하지 못했었다.

'코로나19'라는 이름은 불과 수개월 만에 전 세계를 공포의 도가니에 빠뜨렸다. 전 세계가 백신 연구와 치료제 개발에 한 뜻이 되었고 힘을 모았다. 고군분투한 결과 수년은 족히 걸릴 것이라던 치료제 개발도 단기간에 성과를 나타내기 시작했다. 그리고 2022년 봄에야 비로소 재난의 끝이 보이기 시작했다.

코로나19 팬데믹 기간 우리는 의학 기술이 얼마나 빠르게 발전할 수 있는지 목격했다. 그리고 뜻을 하나로 정하고 힘을 모으면 얼마나 대단한 성과를 만들 수 있는지 경험하게 되었다.

마스크를 벗고 코로나 이전의 일상으로 돌아온 지금, 우리는 또 다른 장르의 어려움(기후, 경제, 전쟁, 각종 사회문제 등)과 마주하고 있다. 물가 상승률과 경제불황에 어떻게 대응하느냐, 어떻게 해야 경제를 안정시키느냐는 등 걱정의 대상이 바뀌었을 뿐 내일을 걱정하게 하는 요소는 곳곳에 도사리고 있다.

어디 이뿐이랴? 개인의 삶으로 시선을 옮기면, 우리가 피할 수 없는 또 다른 현실적인 문제들이 '근심'과 '염려'라는 이름으로 기다리고 있다.

서울시 영등포구에 사는 K 씨(78세)는 건강식으로 아침 식사를 한 후 분당에 계시는 아버지(105세)께 문안 전화를 드리고, 어머니(101세)와는 최근 열심히 하고 계신 운동에 관해 이야기를 나눈 뒤 아침 출근 준비를 한다.

K 씨는 8년 전부터 빌딩 관리소장으로 일하고 있다. K 씨가 관리하는 건물은 주로 사무실 용도로 사용 중이며 현재 15개 업

체가 입주해 있다. 그는 입주사 직원들이 출근하기 전에 건물 주변을 가볍게 살피고 출근 시간대에는 밝은 표정으로 굿모닝 인사를 건네며 입주자들을 맞이한다. 필요에 따라 주차를 돕기도 한다. 이후에는 순찰을 돌며 건물의 안전 여부를 확인하면서 오전 일과를 보낸다. 오후에는 전기시설, 엘리베이터, 주차시설 등 건물 관리에 필요한 협력업체들의 정기 점검을 돕거나 감독하며 주로 입주사의 민원을 처리하는 일들로 대부분의 시간을 보내고 있다.

50대 후반, 대기업에서 은퇴한 K 씨는 인생 2막을 위해 여러 자격증을 따고 열심히 달려온 덕분에 지금도 일자리를 유지하고 있다. 건강과 체력은 아직 중장년의 수준을 유지하고 있는데 앞으로 직장 생활은 10년 정도 더 할 수 있으면 하는 바람이다. 부모님이나 가까이 지내는 어른들을 볼 때, 120세는 거뜬히 살 수 있지 않을까 싶어 직장 생활의 기간을 재수정하여 하루하루 성실히 살고 있다.

아내 L 씨(75세)도 친구와의 만남 등으로 하루 일과를 바쁘게 지내고 있다. 가끔 병원에 들러 건강을 위해 예방접종 등을 하고 있다. K 씨가 일하고 있는 것을 아내인 L 씨도 지지하며 남편의 의사를 적극 존중해 준다. 소득이 있는 일자리를 90세 전후까지 유지한다는 계획을 세우고 그 후로는 노년의 삶을 즐기겠다고 결심한 K 씨는 그 어느 때보다도 행복하고 의미 있는 나날을 보내고 있다며 웃는다. 그를 바라보고 있노라면 100세 시대라는 말도 구시대적 표현이 되고 있다.

우리에게 놓인 또 다른 현실이 바로 오래 사는 것이다.

하버드대학교 의과대학의 데이비드 싱클레어(David A Sinclair, 유전학자) 교수는 의학적 기술의 발전과 치료제, 디지털 기술을 접목한 건강 케어 기술이 보편화되고 있어 머지않아 인류는 150세의 수명을 유지할 것이라 말한다.

노화의 비밀을 알고 이를 풀어가고 있는 연구가 활발하고 관심의 증가와 함께 투자도 점점 확대되고 있다. 스탠퍼드대, 로체스터대, 하버드대 등 세계 명문대는 예외 없이 인간의 '노화'를 연구하고 있다. 뿐만 아니라 아마존(Amazon)의 제프 베이조스(Jeffrey Preston Bezos, 아마존의 설립자), 구글(Google)의 래리 페이지(Larry Page, 구글의 공동창업자) 등은 많은 금액을 노화 연구에 투자하고 있다. 심지어 사우디 왕실에서는 헤볼루션 재단(Hevolution Foundation)을 통해 노화 치료 연구를 혁신적으로 지원하고 있다. 국가 차원에서 건강한 장수에 대한 적극적 지원과 연구가 이루어지고 있다.

여기 흥미로운 프로젝트를 진행하는 괴짜 사나이가 있다. 그의 이름은 브라이언 존슨(Bryan Johnson). 미국의 억만장자 IT 사업가이다. 브라이언 존슨은 젊음을 되찾기 위해 2021년부터 매년 수십억 원을 투자하며 생물학적 신체 나이를 거꾸로 돌리는 프로젝트, 일명 '회춘 프로젝트'를 진행하고 있다. 그는 사십 대 중반의 나이에 십 대의 몸을 원하여 17세 아들의 혈액을 수혈하는 실험도 과감하게 시도했다.

늙지 않기 위해 애쓰는 이 남자가 너무 비현실적으로 다가오지만 세계적인 명문 스탠퍼드대학교에서 수혈을 통한 항노화 프로젝트를 진행하고 있는 것을 볼 때, 그저 엉뚱한 사나이라 웃어넘기기는 어렵다.

미국의 생명공학 스타트업 알토스랩스(Altos Labs)처럼 세계적인 천재들이 안티에이징 항노화(Anti-aging, 역노화)의 꿈을 실현하기 위해 두뇌 싸움을 시작했고, 여기에도 세계적인 투자자들이 모여든다.

노화 생물학, 장수(長壽)와 관련된 투자 및 연구는 남의 나라 이야기만은 아니다. 우리나라에서도 각 대학과 대학병원 등에서 본격적인 연구를 시작하고 있다. 기업이나 학계 차원의 관심도 빠른 속도로 증가하고 있다. 국내 연구진도 글로벌 협력을 통해 백신 개발의 속도를 높이고 치료의 방법을 개발하는 등 혁신적 의료의 발전 속도를 이미 경험하고 있다.

이러한 의료 기술의 발전은 일상에서도 흔히 발견할 수 있다. 죽음의 병이라 불렸던 암과 같은 질병의 완치율이 치료 의학 기술의 발전 속도에 맞추어 점점 높아지고 있는 것처럼 말이다.

보편적 장수가 모두의 현실로 다가오고 있다. 그렇다면 장수는 우리에게 기대 요소일까? 아니면 걱정 요소일까? 인간이 오래 산다는 것 자체는 복이다. 신의 축복이고 사람이 누릴 수 있는 최고의 행복임에 틀림없다. 하지만 장수를 진정한 복으로 누리기 위해서는 몇 가지 중요한 전제 조건이 있다.

　나이가 들면서 마주하게 되는 육체의 한계 즉 노동의 한계로 인해 경험하게 되는 경제적 절벽을 해결해야 하고 신체적 건강과 행복한 사회적 관계를 유지할 수 있어야 한다. 오래 사는 것에는 재무적 요건과 비재무적 요건이 충족되어야 장수가 주는 행복을 제대로 누릴 수 있다. 이렇듯 행복한 장수는 그냥 주어지는 게 아니라 그에 따른 필요한 제반 요소를 갖추었을 때 비로소 주어지는 조건부 축복이다.

　무엇보다 노후에는 경제적 요소의 중요성이 더욱 커질 것으로 예상된다. 고령화 이전에는 생애 소득[1]과 생애 지출[2]이 비슷하였으나(생애 소득 = 생애 지출), 생애 주기가 길어질수록 생애 지출 비용이 늘어나기 때문에 재무적 요소를 어떻게 준비하느냐가 노후의 삶을 결정지을 만큼 중요해지고 있다.

1　개인이 일생 동안 벌어들이는 소득의 총합
2　개인이 일생 동안 지출하는 비용의 총합

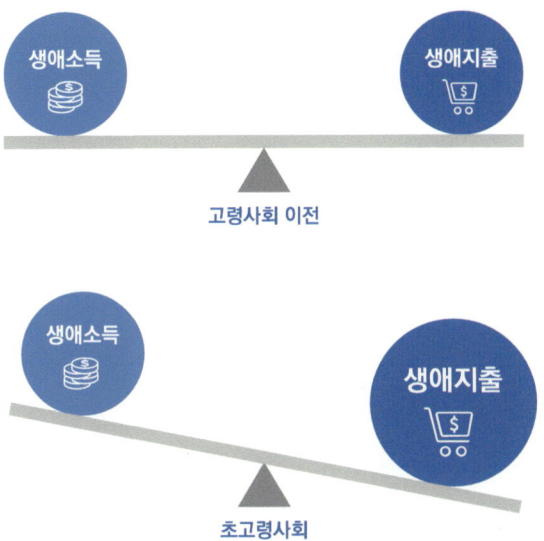

　여유로운 노후는 모두의 열망인 동시에 준비가 필요한 숙제와 같다. 이 과제 풀이를 언제부터 시작할지는 물론 개인의 선택이다. 그러나 시작은 언제나 상황을 인식하는 데서부터 출발한다.
　사회의 변화를 충분히 인지하되 막연한 접근은 줄이고 구체적인 상황을 살펴보는 것에서 노후 준비는 시작된다. 그냥 노후가 아닌 건강하고 여유로운 삶, 바로 당신이 원하는 행복한 노후 말이다.

목차

추천서문 …… 4
프롤로그 …… 8

1부 남의 일이 아니다

1장 그 부부의 집 두 채는 어디로 갔을까? …… 21
2장 은퇴는 밤도둑처럼 찾아온다 …… 27

2부 노후 소득 백서

- 3장 삶을 버틸 기본, 연금아 고마워 …… 51
  연금소득
- 4장 인생 2막도 일자리가 힘이더라 …… 95
  일자리 소득
- 5장 든든한 버팀목 …… 103
  부동산 임대 소득
- 6장 돈이 돈을 낳는다 …… 121
  금융소득
- 7장 네가 있어 다행이야 …… 129
  이전소득 ; 국가 용돈(기초연금) + 자녀 용돈
- 8장 마음 맞는 누군가와 함께 …… 139
  사업승계 소득
- 9장 기대하지 않았는데… 이렇게 될 줄 몰랐어 …… 149
  지식재산 소득
- 10장 시간이 지나니 가치도 다르다 …… 157
  양도소득
- 11장 지나보니 소중한 유산이 되었네 …… 165
  보험금

3부 기회는 있다

- 12장 노후 경제적 자유, 다다익선(多多益善) …… 177
- 13장 어디 경제적 자유뿐이랴 …… 211
- 14장 노년을 위해 필요한 3가지 힘 …… 229

에필로그 …… 247

CLOSER THAN
YOU THINK

1장 그 부부의 집 두 채는 어디로 갔을까?
2장 은퇴는 밤도둑처럼 찾아온다

1부
남의 일이 아니다

**CLOSER THAN
YOU THINK**

1장

그 부부의
집 두 채는
어디로 갔을까?

1장

그 부부의 집 두채는
어디로 갔을까?

    L 씨(여, 1960년생) 부부는 유난히 사이 좋기로 유명했다. 집짓는 빌더 목수인 남편 J 씨(55년생)는 일평생 헌신적인 가장이었고, 아내 L 씨 역시 늘 웃는 얼굴로 알뜰하게 살림을 꾸려온 자타공인 내조의 여왕이었다. 넘치는 경제력은 아니었지만 열심히 일하고 꾸준히 모아온 덕에 재산도 제법 불렸다. 보유한 주택 두 채에 고향에는 얼마간의 토지도 사두었으니 평범하지만 남부러울 것 없는 노년을 맞이하던 부부였다.

    이들의 삶에 균열이 생기기 시작한 건 불과 3~4년 전이다. 집안 행사에 참석한 부부는 오랜만에 만난 형제자매, 친지들과 어울려 모처럼 즐거운 시간을 보냈다. 이틀이나 함께 보내고도 헤어질 기색이 없는 가족들을 보며 남편이 귀가를 재촉했다.

    "이제 집으로 가자구!" 하며 일어서는 남편의 움직임이 영 불안했다. 그러고보니 말투도 왠지 어눌하게 들렸다. 직감이었을까? 순간 이상징후를 감지한 아내 L 씨가 옆방에 있던 조카 며느리를 불렀다. 대학병원 의료진인 조카 며느리가 남편 J 씨의 상태를 보더니 위급상황으로 판단했고, 즉시 구급차를 불러 대학병원으로 이송했다. 의사의 진단은 뇌출혈. 바로 수술하지 않으면 안된다는 말에 L 씨는 놀란 가슴을 추스릴 겨를도 없이 남편을 수술실로 보내야만 했다.

수술 후 회복실에 누운 남편 앞에 선 L 씨는 몇시간 전의 자신과는 전혀 다른 현실을 마주하고 있었다. 그러나 그것은 시작에 불과했다. 우선 든든한 집안의 기둥이던 남편은 거동이 불편한 환자가 되었다. 동시에 남편이 벌어다주던 수입원은 완전히 끊겨버렸다. 뿐만 아니라 새로운 지출항목이 생겼다.

재활치료비와 요양보호사 비용 등 월 1천만 원에 가까운 비용이 필요했다. 수입은 없는데 계획에 없던 지출만 급격히 증가했으니 이렇게 일 년만 지나면 1~2억쯤은 순식간에 사라질 것이 뻔했다. 평생 전업주부로 살아온 L 씨는 본의 아니게 늦깎이 가장이 되어버렸다.

재활치료를 병행하면 회복의 가능성이 조금이라도 높아진다는 의료진의 말에 어떻게든 남편을 회복시키고 싶었던 L 씨는 재활치료만큼은 절대 포기할 수 없었다. 그래서 그녀는 스스로 요양보호사 자격을 취득하고 남편을 간호하기로 했다. 하지만 지출은 크게 줄지 않았다.

어쩔 수 없이 보유하고 있던 주택 한 채를 처분하기로 했다. 땀 흘려 마련한 재산이라 아깝긴 했지만 그래도 이렇게 비상시에 돌파구가 되어주니 감사했다. 주택을 처분한 돈으로 치료비, 카드비 등 각종 생활비로 충당했다. 2년 동안 치료하다 보니 주택 한 채가 모래알처럼 손가락 사이로 빠져나가버렸다.

남편은 전혀 나을 기미가 보이지 않았다. 그렇지만 L 씨는 남편의 재활치료를 포기하지 않고 1년이나 더 이어갔다. 그 결과 나머지 주택 한 채마저 사라질 위기에 처하게 되었다.

L 씨는 두려웠다. 이렇게 버티다간 본인도 위험에 처하겠다는 위기감이 엄습했다. 일단 치료비와 생활비를 더 확보해야 했기 때문에 사는 집을 줄이기로 했다. 주변 소도시의 오래된 아파트를 찾아 작은 평수로 옮긴 뒤 남편을 지역에 있는 요양병원에 입원시키고, L 씨 자신은 요양보호사로 직업전선에 뛰어들었다. 그 흔한 보험조차 준비하지 못한 까닭에 의료비가 상상 이상으로 많이 들었다. 그녀는 힘없이 읊조린다.

"불과 몇 년 사이에 우리 처지가 이렇게 바뀔 거라고 생각이나 했겠습니까. 피땀 흘려 모은 재산이 이렇게 순식간에 사라질 줄은 정말 상상조차 하지 못했어요."

노년에 접어들면서 경제적으로 부담이 되는 대표적 요인이라면, 줄지 않는 생활비와 의료비다. 이는 파산의 원인과도 동일하다. 소득이 없거나 줄어들었는데 씀씀이(생활비)는 여전하고,

전에 없던 의료비는 오히려 늘어나기 때문에 파산하게 된다. 특별히 과소비를 하거나 잘못된 경제활동을 하지 않았음에도 불구하고 외부적인 상황에 따라 불가항력적인 요인으로 경제적 어려움에 처할 수 있다는 뜻이다.

L 씨의 경험과 비슷한 사례는 우리 주위에 허다하다. 남의 얘기가 아니란 말이다. 그리고 본격적인 고령화 사회를 실감하고 있는 요즘 더욱 묵직하게 다가오는 메시지가 있다. 노년에는 무엇보다 건강해야 한다는 것이다. 건강한 노년을 위해 좋은 식습관을 꾸준히 실천하고 부지런히 근육을 길러야 한다.

여기에 한 가지 더! 경제생활에서도 건강한 소비 습관과 함께 튼튼한 재정 근력을 미리 준비하고 훈련해야 한다. 그 이유가 은퇴 때문이든 질병이나 상해가 원인이든, 소득이 줄거나 사라질 때를 대비하여 경제적인 노후준비도 건강할 때 미리 해두는 것이 매우 중요하다. 거듭 말하지만 결코 나와 상관없는 남의 일이 아니다!

개인파산 신청 원인 순위별(중복) (자료 : 서울회생법인)

구분	2022년 (파탄 원인)	비율
1위	생활비 지출 증가	51.10%
2위	실직 또는 근로 소득 감소	48.92%
3위	사업 실패 또는 사업 소득 감소	44.66%
4위	의료비 지출	14.81%

**CLOSER THAN
YOU THINK**

2장

은퇴는 밤도둑처럼 찾아온다

2장

은퇴는 밤도둑처럼
찾아온다

"현역 시절 월급이 들어올 때는 중산층인 줄 알았다. 나름대로 여유 있는 생활이라 여기며 살았으니 말이다. 하지만 은퇴 후 소득이 끊기니 이러다 빈곤이 찾아올 수도 있겠다는 생각이 엄습했다. 소득이 뚝 끊기니 생기는 두려움이다. 분명한 것은 개인사(史)에서 은퇴는 가장 큰 위기 중 하나다."

인간의 평균 수명은 늘어나고 있지만 주된 일터에서 일할 수 있는 현역 기간은 상대적으로 짧아지고 있다. 경쟁의 심화 및 AI 기술의 급속한 발전 등으로 정년을 채우기도 쉽지 않은 상황이다. 보통은 60세를 은퇴 연령이라 하지만 사회적 분위기와 기업이나 개인의 사정에 따라 은퇴 시기는 법정 연령보다 훨씬 빨

리 이루어지고 있다.[1]

넘치는 의욕은 물론 신체적 활력도 청년 못지않은 중년은 좀 더 현역에서 일하고 싶지만 좀처럼 현실은 이를 허락하지 않는다. 개인의 실력도 명문대 출신이라는 스펙도 '은퇴'를 피하는 데는 별다른 효력을 발휘하지 못한다.

매년 출생 인구수가 한 개 광역시 인구에 버금갔던 세대가 있었다. 이른바 베이비붐 세대[2]다. 이 세대의 주축은 1960년대생으로 대한민국 고도성장기의 중추를 담당했다. 2023년 한국의 1차 베이비붐 세대가 모두 60대에 진입하면서 본격적인 은퇴[3]가 시작됐다. 그 수가 무려 860만 명에 이르고 있다. 은퇴 세대가 된 베이비부머가 그야말로 쓰나미처럼 밀려온다.

대기업에 입사하여 33년을 열심히 일하던 M 씨(65년생), 그는 3년 전 그토록 바라던 임원(상무)으로 승진했다. 모든 일에 자신감이 넘쳤고 누구를 만나든 당당했다. 회사의 명함이 곧 그의 얼굴이었다. 전화 통화도 대부분 업무와 관련된 사람들이었다. 그는 이제껏 열심히 달려온 대가를 충분히 누리고 싶었다.

하지만 그의 화양연화[4]는 잠시뿐이었다. 임원이 된 지 불과 1

---

1 국회예산정책처, 한국노동연구원 '법정정년까지 정규직 임금근로 일자리 유지 비중 14.5%'(2024년 7월)
2 베이비붐 세대(Baby Boom Generation 1차 1955~1963년생, 2차 1964~1974년생)
3 본격적인 은퇴(주된 일자리와의 결별을 의미)

년 만에 퇴사 통보를 받았다. 누구에게 호소할 수도 없고 심지어 아내가 받은 충격을 생각하니 본인의 감정은 억눌러 둘 수밖에 없었다.

예기치 않았던 은퇴 생활은 그렇게 시작되었고 어느새 회사 급여 보장 기간도 끝이 보인다. 그런데 지금부터가 걱정이다. '이럴 줄 알았으면 노후 준비라도 착실히 해둘걸' 하는 안타까움도 이제 와서 무슨 소용인가. 앞으로의 삶에 대한 불안한 마음을 감출 길이 없다.

몇 년 전, A 그룹의 유일한 여성 임원으로 승진한 J 씨(66년생)는 수많은 여성의 롤 모델이었다. 유리 천장[5]을 뚫은 것도 대단하지만 한 직장에서 꾸준히 일한 성실함은 존경받기에 충분했다. 그러나 임원의 자리는 새로운 도전이었다. 승진 이후에도 실적에 쫓기며 1년을 열심히 달려왔지만 결과는 기대에 미치지 못했고 이후 한직으로 밀려나면서 회의감이 크게 밀려왔다. 그리고 1년 뒤 회사로부터 권고사직을 요청받았다.

온갖 희생을 감수하면서 청춘을 바친 훈장 같은 직장이었는데 대표의 간단한 인사 한마디로 30년 직장 생활에 마침표를 찍었다.

인생 1막의 무대에서 내려오는 기분은 그리 유쾌하지 않다. 뿌

---

4 화양연화(花樣年華, 인생에서 가장 아름다운 시절)
5 유리 천장(琉璃 天障, glass ceiling)은 충분한 능력을 갖춘 사람이 직장 내 성 차별이나 인종 차별 등의 이유로 고위직을 맡지 못하는 상황을 비유적으로 이르는 경제학 용어

듯함보다는 허전함이 크고 일면 두렵기도 하다. 이미 은퇴했거나 은퇴를 앞둔 수많은 사람이 당장 노후 생활을 어찌해야 할지 걱정이 태산이다. 은퇴조차 본인의 의사가 아닌 기업의 여건이나 주위 상황에 따라 결정되었다면 더욱 그럴 것이다.

'은퇴가 이렇게 도둑같이 찾아올 줄이야' 예상하지 못한 스스로를 책망할 뿐이다. 은퇴 후 용기를 내어 새로운 일자리에 도전해 보지만 현실은 내가 원하는 대로 돌아가지 않는다.

은퇴자로 노년으로 살아야 할 날들이 얼마나 될지 가늠도 안 되는데, 충분히 준비되지 않은 현실은 불안한 마음을 더욱 옥죄어 온다.

국내 굴지의 대기업 S 그룹에서 근무한 L 씨(63년생)는 해외 법인장까지 지낸 실력파였다. 하지만 수년 전 호기롭게 은퇴한 후 좋은 일자리를 쉽게 구할 수 있으리라는 기대는 금방 무너졌다. 중소기업에서 2년 근무했지만 사회는 더 이상 그의 가치를 알아주지 않았다. 대기업의 명함을 아직도 지니고 다니는 L 씨, 이제는 가족들에게 미안한 마음에 기술이라도 배워야겠다고 한다.

"정부에서 가구 조립 같은 기술을 가르쳐준다고 하네요. 이제라도 기술을 배워서 소득을 벌어야 가족에게 부끄럽지 않을 것 같습니다."

정부에서 지원하는 프로그램을 활용해서 일자리로 나갈 준비를 하는 L 씨, 과거의 화려한 경력은 이제 더 이상 의미 없는 허울일 뿐이라며 쓴웃음을 지어 보인다.

코로나19 팬데믹은 우리 삶의 방식을 완전히 바꿔어 놓았다. 여전히 개인의 삶이나 사회 곳곳에 그 여파가 고스란히 남아 있다. 은퇴는 마치 원치않는 전염병과도 같다. 개인의 라이프 사이클에 치명적인 변수로 작용하는 외부 충격이다. 마주하고 싶지 않지만 피할 수도 없어 결국은 대응책을 찾아 극복해야 할 과정이다. 문제는 은퇴 후에도 지금껏 살아온 날 만큼의 인생 2막이 남아있다는 사실이다. 은퇴라는 1차 충격을 겨우 넘어섰나 싶었는데, 그 너머에 기다리고 있는 인생 2막이 속수무책이어서는 절대 안 된다.

K 씨(55년생)의 남편은 두 달 후 퇴직을 앞두고 있다. 올해 58세인 남편은 당연히 자신의 정년은 60세이며, 퇴직한 후 5년간 자문으로 일하다가 서서히 은퇴할 줄 알았다. 직장 선배들이 다들 그랬기 때문에 K 씨의 남편은 추호의 의심도 없었다. 그런데 이게 웬 날벼락인가. 남은 직장 생활 7년 동안 여유 있게 은퇴 준비를 하면 되겠다고 생각했는데, 갑작스레 퇴직 통보를 받은 것이다. 겨우 2개월 남겨두고 은퇴 준비를 어떻게 하란 말인지 그저 막막하기만 하다. 마음 준비도 못 했는데, 재정 준비는 이제야 '아차' 싶다. 평생 전업주부였던 그녀는 이제라도 자신이라도 일할 자리를 알아봐야 하는 건 아닌지 마냥 혼란스럽고 두렵

기만 하다.

K 씨는 남편의 은퇴라는 1차 충격으로 마음이 위축된 상황인데, 거기에 더하여 준비되지 않은 노후 생활이 2차 충격으로 다가올까 봐 더 큰 걱정이다. 뚜렷한 해결책은커녕 한 치 앞도 보이지 않아 너무 답답하다.

IMF 위기, 세계 금융위기, 인플레이션 등 외부적 환경의 변화 속에서 삶의 불안을 겪으면서도 오직 성실과 열정, 용기 있는 도전으로 우리 사회의 경제성장을 견인해 온 베이비붐 세대, 이들이 막상 은퇴를 맞이하는 현실을 지켜보는 마음이 무척 안타깝기만 하다.

은퇴는 필연적이다. 준비가 되었든 그렇지 못하든 상관없이 누구에게나 찾아온다. 전문직도 예외는 아니다. 의사, 변호사에게도 은퇴는 숙명이다. 나이가 들수록 서비스를 받고자 하는 고객은 자연스럽게 줄어들고, 젊고 실력 있는 후배들이 쑥쑥 치고 올라온다. 시장 환경 또한 빠른 속도로 변한다. 직장인과 다른 점이라면 은퇴 시기를 본인 의사결정에 따라 조정할 수 있다는 차이만 있을 뿐이다. 태어나 평생 일만 하다가 삶을 마감할 수 없다는 생각에 전문직 종사자의 은퇴도 당연한 수순으로 받아들여진다.

직장인은 어떨까? 대부분의 직장인은 회사나 타인에 의해 은퇴 시기가 정해진다. 은퇴에 대한 자기 의사 결정권조차 없는 것이 현실이다.

개인 사업을 하는 자영업자의 경우에는 본인의 건강 상태에 따라 갑작스러운 은퇴를 맞는 경우가 많다. 제법 번듯한 사업체를 운영하더라도 본인의 건강 상태와 고객사와의 거래관계 지속상태, 그 외에 다양한 이유로 스스로 사업을 접게 된다. 다시 말해, 자영업자도 준비된 은퇴보다는 강제 은퇴인 경우가 다반사다.

은퇴는 결코 우아하게 다가오지 않는다. 누구에게나 급하고 당황스럽다. 마치 늦은 밤, 소리 없이 찾아든 도둑처럼 말이다. 혹여 내가 청한 손님일지라도 그리 반갑지 않으며, 반갑지 않을지언정 언젠가는 반드시 마주하게 되니 마음의 준비부터 단단히 해두자.

은퇴 준비, 어디까지 했는가?

은퇴란 일상생활에 위협이 될 수 있다. 반면, 삶의 여유라는 기회로도 작용할 수 있다. 준비 상황에 따라 은퇴 후 삶이 달라질 수 있다는 의미다. 쉽게 말해, 준비가 미흡한 사람은 걱정에 사로잡힐 수밖에 없고, 준비가 충분하다면 의외로 부푼 기대감을 가질 수 있다.

모든 경기가 그렇듯 전반전보다 후반전이 더 중요하다. 승패를 가름하는 때가 후반전에서 벌어지기 때문이다. 인생도 마찬가지다. 인생 2막이 아름다워야 삶 전체가 빛을 발한다. 그렇지만 마냥 빛을 발하기에는 은퇴 후에 겪게 되는 어려움들이 적지 않다. 우리의 시선을 현역 시절에서 인생 2막으로 돌려야 하는 이유이기도 하다.

　미래 사회학자들은 앞으로 100세 시대를 넘어 120세 시대가 될 것이라고 예측한다. 평균수명이 연장되는 이유가 무엇이든, 우리는 소득 크레바스[6]가 없는 지속적인 소득 있는 삶을 준비해야만 한다. 돈을 바라보는 각자의 시선이 어떻든지 돈은 이미 우리 일상생활 깊숙이 들어와 있기 때문이다. 그러므로 지금부터라도 호흡을 다시 가다듬어야 한다. 냉철한 시선으로 현실을 들여야 보아야 한다. 당신은 어떻게 대비하고 있으며 어디까지 준비하고 있는가?

　우리는 많은 시간을 들여 여름휴가를 준비한다. 휴가 장소를 어디로 정할지, 숙소는 어떤 곳이 좋을지, 이동 수단은 무엇으로 할지, 이동 경로는 어떤 게 가장 효율적일지… 생각해야 할 것이 어디 한두 가지겠나? 심지어 꼼꼼한 사람들은 하루 세 끼를 어디서 어떤 음식으로 해결할지, 중간중간 체험활동은 무엇으로 할지 예산과 편의성의 측면에서 최대 효용을 만들어내기 위해 노력한다. 단 며칠간의 여행을 위해서도 이렇게 에너지를 쏟아 준비하는데 삶에서 차지하는 비중이 가장 크고 중요한 시간인 노후에 관해서는 너무 막연하거나 의외로 소홀하지는 않

6　Income Crevasse 소득절벽 : 직장을 떠나 공적연금을 받기까지 안정된 소득이 없거나 소득이 단절된 기간

은가?

당신의 현재 나이에 상관없이 당장이라도 은퇴 후를 생각해 보라. 이미 인생 2막을 시작했다면 만족스러운 2막은 어떤 삶을 의미하는지, 그런 삶은 어떻게 구현할 수 있을지… 최대한 구체적으로 생각해 보라. 그리고 그런 삶을 실현하기 위해 무엇이 필요할지도 상상해 보라. 은퇴 후의 삶의 방식이 개인마다 다르다 할지라도 반드시 필요한 몇 가지는 떠오를 것이다.

생각해 보니 어떤가? 막상 노후를 어떻게 떠올려야 할지 모르는 사람들도 많은 것 같다. 하지만 곰곰이 생각해 보면, 우리가 원하는 노후생활은 현역 시절과 크게 다르지 않음을 알게 될 것이다. 사실 별 차이가 없다. 하고 싶은 활동, 좋아하는 모임, 평소 즐겨먹는 음식과 주거하는 공간에 대한 기호가 노후라고 해서 갑자기 달라지지 않기 때문이다.

결론적으로 노후 준비란 현재의 삶을 계속 영위하기 위해 필요한 것들을 준비하는 것이다. 지금 생활 모습과 노후에 예상하는 모습을 구체적으로 생각하다 보면, 지금과 다를 바 없는 노후생활 모습과 준비하고 있는 노후 사이에 큰 간극이 있음을 깨닫게 될 것이다.

그리고 무엇보다 현역 때는 안정적인 삶을 유지했다 할지라도 노후 빈곤에 처하게 되는 경우도 다반사다. 다른 나라와 비교해서도 우리나라는 심각한 노후 빈곤국이다.[7]

준비되지 못한 노후는 비참하다. 노후 우울증의 비율도 40%

나 되고 생활비나 의료비 등으로 인한 60대 이상의 파산율도 갈수록 늘어가고 있다. 노후에도 최소한의 품격이 필요한데 그 마지노선은 높게만 보인다.

노후 준비에도 우선순위가 있다

전문가들은 노후의 행복에 대해 어떤 조언을 할까? 노후의 행복을 위해 일단 건강을 강조한다. 이를 위해 스트레스 줄이기, 식단 관리, 근력 강화, 치매 예방을 위한 인지력 강화, 행복 유지를 위한 관계력 증진 등 다양한 요소를 제안한다. 대부분 강조하는 항목이 건강에 관한 내용이다. 그렇다면 노후의 재정 관리는 건강과 무관할까? 결코 그럴 수 없음을 이미 알고 있을 것이다.

은퇴 준비, 노후 준비를 위해 가장 가장 먼저 준비해야 할 우선순위가 있다면 단연 노후 자금 마련이다. 노년기에도 쉬지 못하고 일터로 나가야 하는 이유의 70% 이상이 생활비 및 생계비 마련 때문이라는 응답만 보아도 시사하는 바가 크다. 은퇴 준비의 큰 축은 노후 자금 마련 즉 노후의 경제적 자유라 할 수 있다. 또한 노후 기간이 예상보다 길어질 수 있다는 변수를 고려할 때, 기간을 나누어 준비하는 전략도 필요하다. 예를 들어 노후 기간을 은퇴 후 80세까지와 이후의 기간으로 구분하여 준비

---

7 OECD 보고서, Pension at a glance 2021

하는 것이다. 80세까지는 현역 시절 생활비의 90~100% 수준으로 목표로 하고, 이후에는 70% 정도로 계획을 짜는 식이다. 나이가 들어도 소득이 현역 시절의 평균 수준을 유지할 수 있으면 좋겠지만 현실적으로 그렇지 못하니 고민이다.

우리나라는 노후의 소득 감소 현상이 두드러지게 나타난다.[8] 65세 이상의 평균 소득은 전 연령층 평균의 65.8%에 불과하다. 이는 소득이 없는 세대도 포함되었기 때문에 매우 부족한 수준으로 보아도 무방하다. 그리고 OECD 전체 평균인 87.9%와 비교해도 현저히 낮은 수준이다.

OECD는 전기 노령기와 후기 노령기를 75세를 기준으로 나누고 있는데, 우리나라 전기 노령 시기에는 평균 대비 73.1%, 후기 노령기에는 56% 수준으로 소득이 급감한다고 우려했다.

결론적으로 우리나라 노인들은 나이가 들수록 경제적 문제로 어려움을 겪을 확률이 높으며 노후 빈곤에 직면할 것이라는 경고 메시지인 만큼 심각하게 받아들여야 할 것이다.

일본의 컬처스터디즈연구소의 미우라 아츠시 소장은 '하류 노인'이냐 '행복 노인'이냐의 문제는 사회적 시스템의 영향도 크겠지만 궁극적으로는 개인의 준비에 따라 좌우될 수 있다고 말한다. 준비의 개념을 경제적 요소 즉, 재무적 준비로 좁혀 생각해보면 연속적인 현금 흐름을 얼마나 잘 마련해두었느냐가 핵심

---

8 OECD 보고서, Pension at a glance 2021

이다.

여기에서 한 가지 더 짚고 가야 할 유의사항이 있다. '열심히 살아가는 지금처럼만 한다면 나의 노후도 어떻게든 살아낼 것'이라는 생각이 가장 위험한 생각이다. 또한 '노후 준비는 언제라도 가능하다'는 안일한 무계획도 경계의 대상이다. 노후 준비! 적당한 기회가 언제든 있을 것이라는 근거 없는 자신감(?)은 당장이라도 버리길 간곡히 부탁하고 싶다.

여기 두 종류의 가젤이 있다. 천적의 공격(위협)을 예상하고 풀을 뜯는 가젤과 풀을 뜯어 먹는 일에만 몰두하고 있는 가젤. 이 둘 중 어떤 가젤이 사자의 먹잇감이 되었을까? 답은 후자다. 똑같이 풀을 뜯는 것처럼 보이지만 맹수의 공격을 대비하면서 풀을 뜯던 녀석은 늘 위기 상황을 대비하고 있기 때문이다.

노벨 경제학상을 받은 심리학자이자 행동경제학의 창시자인 대니얼 카너먼(Daniel Kahneman)은 위기(risk)를 기회(chance)보다 더 절박하게 볼 때 생존 가능성이 훨씬 더 높다고 강조한다.

행복 노인으로 남고 싶다면 당신의 절실함이 필요하다. 노후의 삶이 빈곤으로 인해 회복 불능상태에 처하는 인생 크레바스(crebasse)를 경험하느냐 아니냐는 각자의 선택에 달렸다. 노후를 준비하는데 반드시 필요한 자세가 바로 이 절실함, 절박함이라 할 것이다. 그 절박함이 '더 이상 미룰 수 없어! 지금 당장 준비해야겠어!'라는 결단을 선물할 테니 말이다.

 **노후에 현금을 만드는 길**

노후의 재정적 어려움을 극복하는 준비가 중요하다는 관점에서 노후에도 현금을 만들 수 있는 길을 구체적으로 알아볼 필요가 있다. 제시되는 9가지 길 중에서 노후 준비는 다다익선! 즉, 소득 파이프라인은 많을수록 좋다. 패자부활전이 어려운 노후 세대인 만큼 제대로 알고 대응한다면 훨씬 더 안정적으로 승자의 기쁨을 누릴 수 있을 것이다.

☑ 1. 노후 소득 대표선수, '연금'

국민연금으로 대변되는 공적연금, 직장 생활 동안 쌓아둔 퇴직연금[9], 개별적으로 준비하는 개인연금[10]과 연금보험[11]이 대표적이다. 이외에도 주택연금, 농지 연금, 노란우산공제 등이 있다. 이 중 가입자 수가 계속 증가하는 주택연금은 주택을 담보로 대출을 받을 수 있는 역모기지[12] 상품이다. 보증료와 사용 이자의 개념이

---

9 퇴직금을 연금으로 수령
10 연금저축(세제 적격 연금)
11 변액연금 등 세제 비적격 연금
12 역주택 담보대출

포함되어 있다.

농지 연금은 연금 준비가 취약한 60세 이상 고령 농업인을 위해 전답(농지)을 담보로 하는 역모기지 연금[13]이며, 중소기업중앙회에서 운영하는 노란우산공제는 소기업 및 소상공인을 위한 일종의 퇴직금(목돈마련) 성격을 가진 제도다.

✅ 2. 노후 소득의 확실한 대안, '일자리'

노후 소득의 가장 확실한 대안은 '평생 현역'이라고 한다. 그렇다. 하지만 애석하게도 인생 2막의 일자리는 은퇴 전과는 완전히 다른 국면이다.

예를 들어 현역 시절 사무직에 근무했더라도 인생 2막에서는 기술 노동 위주의 일자리를 구해야 할 수도 있다. 물론 업무의 연속성과 기존의 경험 및 자산을 활용할 수 있는 일자리라면 더 바랄 게 없다. 그러나 대부분 그렇지 못하다. 이에 인생 2막 일자리를 위해서는 현역 때와는 다른 열정과 태도는 물론 생각의 전환이 요구된다. 어떠한 일자리라도 수용하겠다는 도전정신이 필요하다.

노후의 일자리는 소득뿐 아니라 자기만족 및 역동적

---

13 한국농어촌공사에서 취급

삶에도 미치는 영향이 큰 만큼 내게 맞는 노후의 일자리를 미리 계획하는 것만큼 지혜로운 노후 준비도 없을 것 같다.

✅ 3. 반드시 도전하자! '임대 소득'

일반적으로 임대 소득은 부동산에서 만들 수 있는 현금 흐름이다. 부동산 매매차익보다 꾸준한 현금 흐름을 만드는 것이 핵심이다.

다양한 형태[14]의 부동산이 있지만 노후생활에 중요한 것은 일정 기간(매월)마다 통장에 들어와야 하는 현금이 핵심이다. 그리고 임대 소득은 건강보험료 방안 찾기, 인플레이션 상쇄, 자산 가격 상승 등 여러 장점이 있어 노후에 매우 유용하다. 다시 말하자면 노후를 위해 반드시 도전해야 하는 소득이다.

✅ 4. 안정된 노후 생활의 재원, '금융소득'

금융기관을 통해 만들 수 있는 금융소득으로 이자와 배당이 있다. 이자와 배당소득은 누구나 접근하기도 쉽고 개인의 금융 자산 규모가 날로 커지고 있어 더욱 의미가 있다. 특히 ESG[15]의 중요성이 강조되면서 지배구

---

14 주택, 상가, 건물 토지 등

조에 관한 사회적 요구 및 관심이 증가하고 있으며, 주주 이익 환원에 대한 목소리가 높아지고 있는 것도 접근을 용이하게 한다.

☑ 5. 노후 세대의 특권 '이전소득'

이전소득이란 국가나 지자체가 주는 보조금[16]과 자녀나 가족들로부터 수령하는 지원금을 의미한다. 국가나 지자체의 보조금은 최소한의 생활을 지속하도록 돕는 데 목적을 둔다. 이런 보조금을 공적 이전소득이라고 하는데, 공적 이전소득이 노후 빈곤율을 조금이라도 낮추고 있는 만큼 최근 들어 그 중요성이 점점 높아지고 있다.

자녀나 가족으로부터 받는 생활비나 용돈을 사적 이전소득이라고 한다. 공적 이전소득과는 반대로 사적 이전소득의 규모는 점점 줄어드는 추세다. 자산 규모가 이전 세대보다 높은 베이비붐 세대는 자녀 세대의 도움을 크게 기대하지 않으며 자녀 세대 또한 제 삶 돌보기에 빠듯하여 부모 용돈을 넉넉하게 챙기기 어려운 까

---

15 ESG란 Environment, Social, Governance의 줄임말로 환경 및 사회에의 기여, 지배 구조의 투명성을 강조하는 용어다. 최근 이를 기초로 기업의 ESG 등급을 부여하고 지속 가능성을 평가한다.

16 예. 기초연금

닭이다. 사적 이전소득의 규모 감소와 상관없이 노후 소득 원천 중 이전소득은 나름 중요한 부분을 차지하고 있다.

☑ 6. 열심히 사업한 당신, '사업승계 소득'

사업을 계승하기에 적절한 사람이 누구인지 정한 뒤, 사업 경영을 위임하고 본인은 경영에 최소한으로 참여하는 방식으로 급여를 수령하는 것이 사업승계 소득이다. 현역 시절 부지런히 사업을 일군 덕분에 누리는 열매가 아닐까 싶다.

사업승계 소득은 매력적이면서도 소득의 규모도 큰 장점이 있다. 사업의 지속성을 확보하는 것이 가장 중요한 사항이며, 경영 환경 변화에 어떻게 대처하느냐가 관건임은 두말할 필요가 없다.

☑ 7. 아이디어로 키운 '지식 소득'

특허권, 상표권, 출판이나 본인의 저작물[17] 등에서 생기는 수익을 통틀어 지식 소득이라 한다.

참고로 지식 소득은 특정 능력을 보유한 사람들의 전유물이 아니다. 또한 반드시 원천 창작물이 본인 소유

---

17 사진이나 그림, 콘텐츠 등

가 아닌 경우에도 지식 소득을 만들 수 있다. 지식 소득에 대해 제대로 이해만 한다면 누구나 지식 소득의 수령자가 될 수 있다. 온라인이나 플랫폼이 활성화되어 있기에 이를 통로로 삼아 소득을 창출하는 길이 모두에게 열려있다.

✅ 8. 남다른 안목 덕분에! '양도소득'

본인의 특정 자산을 양도하여 소득을 발생시키는 것이다. 부동산이나 특정 자산[18]을 매매하여 차익을 남기고 이를 노후 소득으로 활용한다.

✅ 9. 남겨진 가족들 위한 '보험금'

끝으로 노후 소득을 만드는 마지막 방법은 보험금이다. 특히 사망보험금은 남겨진 유가족의 노후 소득으로 아주 중요한 의미를 가진다. 젊어서는 남겨진 가족 구성원에게 생활비나 자녀 교육비 등의 이유로 필요하지만 노후에는 홀로 남겨진 배우자에게 아주 소중한 자산이 될 수 있다.

적은 보험금이라도 유용하게 활용되고 나아가 보험금은 목돈으로 지급되기 때문에 저축 시 이자 등 계속

---

18 그림, 귀금속, 리세일링 아이템 등

적 소득원으로 사용할 수 있는 마중물이 될 수 있다.

 행복한 노후는 물론 재정적으로 여유로운 노후는 누구나 바라는 노후 생활일 것이다. 그러기 위해서는 노후 소득의 원천별로 최대한의 가능성을 만들어두는 노력이 필요한 것이다.

 위에서 언급한 아홉 가지의 노후 소득을 자세히 살펴보고, 각자의 상황에 맞는 노후 소득을 디자인하는 노력이야말로 노후대책의 중요한 첫걸음이 될 것이다. 시작이 반이라 하지 않았던가. 간절한 마음과 함께 구체적인 준비가 병행된다면 확실히 다른 노후를 맞이하게 될 것이다. 어쩌면 노후를 준비하는 일이 즐거움이 될지도 모를 일이다.

노후소득백서
내 집 두 채는 어디로 갔을까
Closer than You Think!

CLOSER THAN
YOU THINK

3장 삶을 버틸 기본, 연금아 고마워 (연금소득)
4장 인생 2막도 일자리가 힘이더라 (일자리 소득)
5장 든든한 버팀목 (부동산 임대 소득)
6장 돈이 돈을 낳는다 (금융소득)
7장 네가 있어 다행이야 (이전소득 ; 국가 용돈[기초연금] + 자녀 용돈)
8장 마음 맞는 누군가와 함께 (사업승계 소득)
9장 기대하지 않았는데… 이렇게 될 줄 몰랐어 (지식재산 소득)
10장 시간이 지나니 가치도 다르다 (양도소득)
11장 지나보니 소중한 유산이 되었네 (보험금)

2부
노후 소득 백서

**CLOSER THAN
YOU THINK**

3장

삶을 버틸 기본, 연금아 고마워

연금소득

3장

삶을 버틸 기본, 연금아 고마워
연금소득

고대로부터 지금까지 인간이 살아가는데 필요한 기본적인 생활양식은 크게 다르지 않다. 동서양의 지역적 환경과 시대별 문화적 동향에 따라 욕구에 대처하는 방식은 다를 수 있지만 먹고 입는 문제, 안전을 담보하는 주거 문제 등 기본적인 욕구를 충족시키는 숙명적인 틀은 바뀌지 않았다.

나이가 많든 적든 삶의 지속성은 개인이나 국가, 사회적으로도 지켜야 하는 중요한 과제로 대두된 지 오래다. 기본적인 생활을 누리기 위한 개인의 노력도 대단하다. 인간이 살아가는 동안 지속적으로 기본적인 생활의 욕구를 충족시키는 문제는 시대를 초월한 국가와 개인의 과제다. 특히 노동력을 발휘하기 어려운 고령층에게는 과제 그 이상의 위기감으로 다가온다.

아무리 무겁고 어려운 문제에도 해결책은 있기 마련이다. 점점 길어지는 평균수명 앞에서 기본적인 생활문제를 해결하는 가장 기본적이고 지속적인 대안을 생각한다면, 다름 아닌 연금[1]이다.

연금은 생각보다 오랜 역사를 갖고 있다. 기원전 562년, 바벨론 포로로 잡힌 유다 왕 여호와긴이 바벨론 왕 에윌므로닥(Evil-Merodach)의 도움으로 종신토록 먹을 것과 필요한 것을 공급받은 기록이 있다.[2] 또한 고대 그리스의 '펠로폰네소스 전쟁사'에는 페리클레스(Pericles)가 전사자 추모에서 유족연금을 언급하고 있고, 로마에는 군인연금을 위한 특별기금 보관소인 '아에라리움(Aerarium)'이 있었다. 17세기에는 톤틴연금(Tontine Annuity)제도가 있었으며, 18세기 말에는 영국의 혁명가 토마스 페인(Thomas Paine)에 의해 노령연금이 고안된다. 이는 100년 후 독일의 재상 비스마르크(Otto von Bismarck)에 의해 실현된다. 이처럼 연금을 통해 인간의 기본 욕구를 충족하고자 한 흔적들은 인류의 역사 속에 다각적인 이야기로 녹아있다.

연금의 역사만큼이나 연금에 대해 할 이야기가 많다. 우선 연금의 사전적 의미부터 살펴보자.

연금이란, 노후 생활의 안정을 위해 일자리를 유지하는 동안에 일정 금액을 적립하여 은퇴 후에 수령하는 돈을 뜻한다. 정

---

[1] 年金. pension, annuity
[2] 구약성경 열왕기하 25장 27절~30절, 예레미야 52장 31절~34절

시간 흐름으로 보는 우리나라 연금 제도 변화

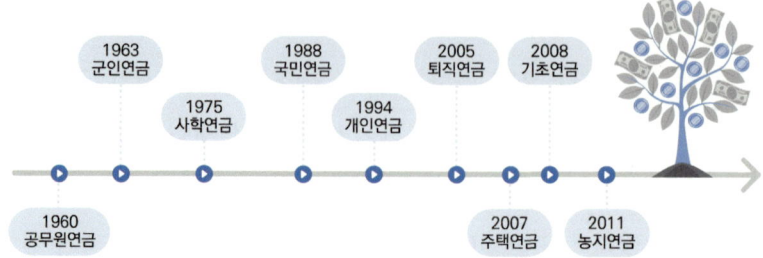

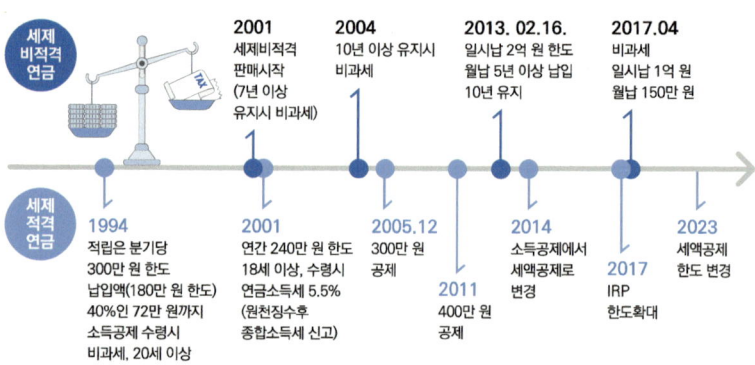

부에서 최소한의 생활을 위해 지급하거나 기업 등의 단체에서 오랜 세월 적립하여 지급하는 방식이 일반적이다. 저자의 개인적인 해석을 보태자면, 연금은 '연속적 현금 흐름'의 줄임말이기도 하다.

현역 시기에는 기업이나 단체의 필요와 요구를 충분히 수행할 만한 물리적인 노동력(지식 포함)을 가지고 있지만 은퇴 후에는 충분한 노동력을 발휘하기에는 여러 가지 제약과 한계가 있다. 그래서 주된 일자리에서 근무하는 현역 시기에 충분히, 꾸준히, 오랫동안 돈을 적립하는 것이 중요하다.

인생 2막이라고 일컫는 은퇴 시기에는 재정 영역에서 운신의 폭이 매우 좁기 때문에 돈을 적립하기가 어렵다. 미래(노후 시기)의 소비를 위해 현재의 지출을 줄이고 적립하는 노력은 어쩌면 기회와 소득이 줄어든 미래의 나를 위한 배려이자 지혜라 할 수 있다.

K 씨(59년생, 남)는 생각도 신체도 건강한 편이다. 주위 사람을 배려하는 태도와 은근하게 미소 띤 표정에는 어른의 인자함이 묻어난다. 현역 군인으로 20년 근무하면서 국가와 군을 위해 충성 봉사하는 일에 자긍심을 갖고 살아왔다. 군인 생활을 마무리한 뒤로는 군무원[3]으로 주민센터 등에서 17년간 일자리를 이어 갔다. 총 37년을 성실하게 일한 덕에 K 씨는 매달 공무원 연금 350만 원을 수령하고 있다.

은퇴 후 정기적인 소득으로 적지 않은 금액이지만 내심 아쉬운 표정이다. 지금 생각하니 공무원 연금 개혁을 위해 약 5년간 일체의 연금 인상이 없었던 기간이 있었는데, 이로 인해 연금 실수령 액이 월 50만 원가량 줄었기 때문이다. 하지만 '이 또한

---

3 국군에 소속된 특정직 공무원

어쩔 수 없지 않았겠는가' 하며 짧은 넋두리로 웃어넘기는 넉넉한 인품도 가졌다.

K 씨가 연금을 적립하던 기간을 살펴보면, 월 납부액은 보통 50만 원 정도, 보너스를 수령하는 달에는 70~80만 원 적립했다고 한다. 그는 노후에 받을 연금을 위해 오랜 세월 꾸준히 성실하게 적립했다. 공무원은 퇴직수당으로 소정의 금액을 수령하는 반면 퇴직금은 없다. 그 단점을 연금으로 보완한다고 한다.

K 씨는 최근 고향에 있는 종합병원 버스 운전기사로 재취업했다. 최저 임금 수준이지만 일자리가 있다는 자체가 그저 감사하다. 이 또한 적지 않은 연금이 주는 여유 아닐까. 연금에 노후 일자리까지 챙긴 K 씨는 평생 자신을 내조한 아내와 함께 여유롭게 노후를 보내고 있다. 열심히 일한 그가 감사하게 누리는 지금의 행복 어쩌면 뿌린 대로 거두는 당연한 일이 아닐까.

또 다른 K 씨(67년생)는 대기업에서 오랫동안 일하다가 몇 년 전에 중소기업으로 이직한 뒤 기업의 모든 생산과 기술을 책임지고 있다. 그는 앞으로 5~6년 후에 은퇴할 예정인데, 은퇴 후 예상되는 연금 수령액은 국민연금 160만 원 전후, 퇴직연금 50~60만 원이 전부다.[4] 그의 아내는 30년 가까이 교사로 근무 중인데, 아내의 공무원 연금 및 부부가 준비하고 있는 개인연금

---

4 퇴직금 중간정산으로 소액만 남았다.

을 합할 때, K 씨 부부의 월 연금 수령액은 600만 원 정도로 추산된다. 연금을 떠올리는 그의 얼굴에는 열심히 살아낸 뿌듯함이 엿보인다. 본격적 연금이 발생하기까지 얼마 남지 않은 기간 동안 소득 크레바스[5] 구간만 대비하면 될 것 같다고 말하는 K 씨는 소득의 흐름에 대한 계획도 세심하다. 은퇴 후의 삶을 오히려 기대하는 듯한 그의 말투에는 자신감으로 가득하다.

연금에서 가장 중요하면서도 기초적 형태는 공적연금이다. 공적연금에는 국민연금, 공무원 연금, 사학연금, 군인연금 등이 있다. 이 중에서 연금 가입액의 규모나 가입자의 수에서 가장 압도적인 공적연금이라면 역시 '국민연금'이다. 국민연금이야말로 공적연금의 대표주자인 만큼 지금부터는 공적연금을 국민연금으로 치환해서 부르기로 하자.

국민연금에 대해 아는 것은 연금 지식의 기초를 다듬는 중요한 작업인 만큼 조금 자세히 들여다보자.

국민연금은 우리나라에 거주하는 만 18세 이상이면서 만 60세 미만인 국민이 의무적으로 가입하는 공적연금이다. 단, 특수직역연금[6] 가입자이거나 소득이 없는 만 27세 미만 학생이나 군복무자, 전업주부 등은 예외다. 간단하게 말하면 소득이 있는

---

5 소득 단절
6 공무원연금, 군인연금, 사학연금 등

모든 사람은 의무적으로 가입해야 한다. 가입자는 사업장 가입자[7], 지역 가입자, 임의 가입자[8]로 구분된다. 연금 보험률은 현재 소득의 9%이다.[9]

국민연금은 소득대체율 개념도 이해해야 한다. 국민연금 가입 기간 40년을 기준으로 평균 소득 대비 연금 수령 비율을 의미한다. 소득대체율은 연금 개혁을 시행하면서 꾸준히 줄고 있는데 높은 시기에 가입한 기간이 길수록 연금 수령액은 늘어나게 된다.

국민연금 도입 초기인 1988년에 70%였던 소득대체율이 2028년이 되면 40%까지 줄어들게 되어 있다. 만약 오래전 가입한 국민연금 가입자가 특정 사유에 의해 일시금으로 받았을 경우, 이를 반환하게 되면 이전 가입 기간과 대체율을 회복할 수 있다. 반환 일시금에는 이자를 합산하여 다시 살려야 하지만 그 효과가 충분히 크다.

이 외에 국민연금 수령액에 영향을 주는 요소로는 월 납입액과 국민연금 총 가입 기간 등이 있다. 특히 가입 기간이 중요하다. 소득에 따라 월 납입액은 결정되지만 가입 기간은 관심 여부에 따라 달라질 수 있다.

---

7 근로소득이 있는 경우
8 예외 대상이지만 스스로 가입하는 자
9 2024년 현재, 국회 연금 개혁 특별위원회에서 연금 개혁의 일환으로 연금 보험료율을 상향 변경하려 추진 중임

혹 직장 생활 중 단절 기간이 있거나 국민연금 최초 보험료 납입 후 실업 등의 이유로 소득이 없어 보험료를 납입하지 못한 기간이 있다면 현재 보험료 기준으로 미납 기간을 채울 수 있다. 채울 수 있는 최대 기간은 10년이며 이를 추후납부 제도라고 한다. 그리고 주부나 학생처럼 예외 대상이라고 하더라도 임의 가입자로서 보험료 납부를 통해 가입 기간을 쌓아가는 것이 효과적이다. 이럴 경우, 월 납입 보험료는 A값[10] 이하의 수준에서 정하면 좋다. 왜냐하면 국민연금 제도는 소득재분배의 기능이 있는데, 이를 충분히 활용할 수 있는 마지노선이 A값 이내이기 때문이다. 그리고 특정 조건을 충족하면 가입 기간을 늘려주는 제도가 있는데 이를 크레딧(credit)이라고 한다. 크레딧에는 출산 크레딧(12개월~50개월까지), 군복무 크레딧(6개월), 실업 크레딧이 있다.

수령액을 높이는 또 하나의 방법은 국민연금 수령 시점을 연기하는 것이다. 국민연금은 최대 5년까지 미루어 수령할 수 있으며 월 단위로 연기 신청이 가능하다. 수령 금액은 월 0.6%씩 늘어나며, 최대 36%(년 7.2%)까지 연금액을 늘려 받을 수 있다. 예를 들어 일자리 소득이 많아[11] 연금액이 감액될 때 연기 연금을 활용하면 매우 효과적이다.

---

10 국민연금 A값이란 국민연금 전체 가입자의 연금 수급 전 3년 평균소득 월액을 말하며, 이는 임금 상승률이 반영된 값이다.
11 A값 초과하는 소득

국민연금 종류에는 노령연금, 장애연금, 유족연금이 있다. 이 외에 연금 수령 조건에 충족되지 않거나 이민 등의 이유로 받을 수 있는 반환 일시금이 있다.

10년 이상 납부하고 60세 이상인 경우 국민연금 수급 나이에 해당되면 노령연금을 받는다. 장애연금과 유족연금은 종류별로 조건에 해당되면 받을 수 있다.

국민연금 수급 나이

출생년도	노령연금 수령 나이	조기노령연금 수령 나이
1952년 이전	60세	55세
1953년~56년	61세	56세
1957년~60년	62세	57세
1961년~64년	63세	58세
1965년~68년	64세	59세
1969년 이후	65세	60세

국민연금에 관계된 세금은 어떨까? 간단하다. 납부 시에는 소득공제를 누리지만 연금 수령 시 연금 소득세가 부과된다. 국민연금 수령액은 기초연금과 건강보험료 부과 시 소득으로 연계되어 산정되기 때문에 이에 대한 대응도 동시에 필요하다.

국민연금이 노후 소득으로 유익한 이유는 노후에 만나게 되는 뜻밖의 복병이 있기 때문이다. 바로 인플레이션[12]이다.

소득을 만드는 데 어려움을 겪을 수밖에 없는 노년에 인플레이션이 주는 부담감은 적지 않다. 물가인상은 삶의 질을 떨어뜨리는 주범이다. 국민연금은 이때 또 한 번 빛을 발한다. 바로 국민연금의 가장 큰 장점 중 하나가 매년 물가만큼 인상된 금액으로 연금을 지급한다는 사실이다. 시중 금융기관의 어떠한 상품에도 없는 기능이다. 참고로 주택연금도 국민연금과 같이 물가인상을 반영하여 연금을 인상 지급한다는 점도 기억해두면 좋겠다.

국민연금은 납부 의무만 잘 수행하면 수익률 관리나 상품의 위험에 대해 신경 쓸 필요가 없다. 금융소비자 입장에서는 매우 편리한 상품인 셈이다.

또한 개인이 납입한 금액 대비 총 수령 금액인 수익비도 탁월하다. 탁월한 의료 기술과 의약품 개발, AI 기술 발달과 예방의학의 진보 등으로 그 어느 시대보다 수명이 길어지고 있는 현실을 감안할 때, 국민연금의 수익비는 더욱 커질 수 있다. 국민연금은 이렇듯 장점이 많다.

물론 연금을 우려하는 소리도 들린다. '몇 년도에 연금이 소진될 것이다.' '국민연금 수익률 몇 %에 그치고 있다'는 등 걱정을 유발하는 이야기 말이다. 그러나 걱정은 국가에 맡기자. 국민연금은 국가기관에서 운영하고 지급하는 공적 제도이니 납부의 의무를 다한 우리는 권리만 누리면 된다.

---

12 화폐, 돈의 가치 하락

국민연금은 수령할 때의 세금 부담도 적다. 연금소득 공제[13] 등을 통해 과세액이 낮아지기 때문이다. 매월 200만 원을 수령한다고 가정하더라도 1년 세금은 100만 원이 채 되지 않는다.[14] 연금의 가장 기본이 국민연금임을 반드시 명심하자.

국민연금 과세(종합소득세) 과세대상 연금액 규모에 따른 소득세(수령시)

과세대상 연금액	770만원	1,000만원	1,500만원	2,000만원	2,400만원
- 연금소득공제	-504만원	-550만원	-640만원	-690만원	-730만원
- 본인공제	-150만원	-150만원	-150만원	-150만원	-150만원
과세표준	116만원	300만원	710만원	1,160만원	1,520만원
산출세액	6.96만원	18만원	42.6만원	69.6만원	102만원
- 표준세액공제	-7만원	-7만원	-7만원	-7만원	-7만원
납부세액	0원	11만원	35.6만원	62.6만원	95만원

* 지방소득세 10% 별도, 연금소득공제 한도액을 받으려면 4,100만원(월 342만원) 수령

서울 용산구 단독주택에 거주하는 J 씨(66세)는 국민연금(월 70만 원 전후 수령) 덕에 생존의 한계라는 현실 속에서도 살아갈 힘을 얻고 있다. 기초연금까지 챙겨야 할 만큼 경제적으로 넉넉하지 않지만 국민연금마저 없는 이들에게는 부러움의 대상이다. 젊은 시절 어렵더라도 국민연금 납입을 계속 유지한 덕분이라

---

13 최대 900만 원 공제
14 연금소득공제와 인적공제 고려

는 그의 고백을 새겨봐야 한다.

한눈에 보는 연금 보고서[15]에서 노후 시기 연금이 제대로 역할을 하기 위해 다층 구조의 중요성을 언급하고 있다. 그중 한 층을 차지하는 연금형태가 퇴직연금이다.

우리나라는 2005년부터 퇴직연금을 도입하여 시행하고 있다. 정착되기까지 시간이 걸렸지만 퇴직연금에 대한 직장인들의 인식과 가입률이 높아졌다. 예전에는 많은 분들이 퇴직금 중간 정산을 사용함으로써 퇴직 시 실제로 받아드는 금액은 소액이 대부분이었다. 하지만 퇴직연금을 가입하면 중간 인출이 제한되는데, 이로 인해 적립금을 높이는 효과를 가져오고 노후에 유용한 연금으로 사용할 수 있게 되었다.

퇴직연금을 받는 사람은 현재 월 200만 원 이상씩 수령하고 있다.[16] 연금액이 많아 보이는 것은 연금 받는 기간이 단기로 설정되어 있는 경우가 많기 때문이다. 앞으로 노후 기간이 길어질 것에 대비한다면 퇴직연금 전략의 수정이 필요할 것이다. 퇴직연금을 수령하는 사람이 지금보다 훨씬 증가하고 가입 기간이 길어진다는 점에서 퇴직연금에 대한 관심이 높아질 것이다.

---

15 OECD, Pensions at a glance 2021
16 '2021년 연금종류별 수급현황' 표 참조

2021년 연금 종류별 수급 현황

자료 : 2016~2021년 연금통계, 통계청

구분	전체	기초 (장애인)	국민	직역	퇴직	개인	주택	농지
수급자수 (천명)	7,768	5,932	3,969	495	9	325	71	11
수급금액 (월, 천원)	600	273	385	2,439	2,210	578	1,130	1,266

- 연금 2개 이상 수급 비율(중복수급률) 34.4%
- 21년 연금가입자 월 평균 납입액 32만 9천 원(개인납입분과 사업장, 국가부담금 포함)

　　퇴직연금의 종류는 크게 DB형(확정급여형)과 DC형(확정기여형)이 있다. 가장 큰 차이는 운용책임이 회사에 있느냐(DB) 개인에게 있느냐(DC)이다.

　　적립금의 규모에서는 DB형이 DC형보다 2배 이상 많다. 22년 말 기준으로 DB형은 57% 이상(192.4조 원)이며 DC형은 25% 이상(84.7조 원)으로 집계된다.

　　또 다른 퇴직연금으로 IRP[17]가 있는데, 개인형과 기업형으로 나누어져 있지만 주로 개인형 퇴직 계좌를 가리키는 용어로 통용된다. 개인형 IRP는 회사 이직이나 추가적 적립 시 유용하게 활용할 수 있다. 개인형 IRP는 가입 건수가 많이 증가하여 퇴직연금 계좌 수에서 압도적인 비중(89% 이상)을 차지하고 있다.

　　개인형 IRP에 납입하는 금액은 소득[18]의 규모에 따라 세액공

---

17 Indivisual Retire Pension

제 받는 비율이 납입액 대비 16.5% 또는 13.2%(지방세 포함)로 나뉜다. 현재 세액공제 받을 수 있는 한도는 연 900만 원[19]이며 IRP 계좌에 납입할 수 있는 한도는 연 1,800만 원이다.[20]

연금저축(IRP 포함)과 세금

구분	저소득자		고소득자	
소득크기	총 급여 연간 5,500만원 이하 종합소득 연간 4,500만원 이하		총 급여 연간 5,500만원 초과 종합소득 연간 4,500만원 초과	
공제율	16.5%		13.2%	
저축금액별	연금저축	IRP합산	연금저축	IRP합산
	600만원	900만원	600만원	900만원
환급세액	972(천원)	1,458(천원)	792(천원)	1,188(천원)

* 주의 : 중도인출 불가(부득이한 사유 제외), 연금 외 수령 시 Penalty로 원리금의 16.5% 기타소득으로 과세함

　　퇴직연금의 가장 큰 유용성은 회사의 어려움 등 상황 변동에도 근로자의 퇴직금이 보장된다는 점이다. 나아가 노후의 안정적 생활과 연결시킴으로써 공적연금의 부족분을 보완한다. 따라서 퇴직연금 계좌가 있는 사람은 어떻게 관리하느냐에 따라

---

18 총급여, 종합소득
19 세제적격연금 포함
20 세액공제 한도와 납입 한도는 연금저축계좌와 합산금액임

노후 삶의 질이 결정될 수 있다.

퇴직연금 계좌 관리의 핵심은 세금과 수익률, 납입 및 수령 노하우로 정리할 수 있다.

먼저 세금은 개인이 추가로 납입하는 IRP를 제외하고는 연금으로 받을 경우 '연금 소득세'로 과세하되, 원래 퇴직일시금 수령 시 내야 할 '퇴직 소득세'의 70% 수준에서 납부한다. 단, 일정 조건에서는 60% 수준이다. 그리고 개인형 퇴직 계좌(IRP)의 경우 납입 시에는 최대 16.5% 세액공제를 받고, 수령할 때는 나이에 따라 5.5%~3.3%의 세금을 낸다. 금융기관에서 원천징수 후에 개인 계좌로 지급하는 방식이다.

수익률에 따른 연금액 차이 가정 : 20년 납입 후 20년간 연금 수령, 세금 미반영

월 납입액	예상 연금액(월)		
	연 2%	연 4%	연 6%
20만원	29만 8천원	44만 4천원	66만 2천원
30만원	44만 7천원	66만 6천원	99만 3천원
40만원	59만 6천원	88만 9천원	132만 4천원

유념해야 할 것은 마이너스 수익률이라도 세금은 내야 한다는 점이다. 이미 세액공제를 받았기 때문이다. 세액공제도 공짜가 아니기 때문에 그에 대한 대비도 충분히 해야 한다.

수익률 관리는 아주 중요하다. 참고로 원금 보장형과 투자형

이 있는데 어느 유형이라도 꾸준한 관심과 적극적 개입이 필요하다. 같은 기간, 동일 금액을 납부하더라도 연간 2% 수익률이 차이가 난다면 연금수령액은 50% 가까이 차이(증가) 난다.

잊고 있다가 연금 수령 시점에 와서 보니 적립액이 예상에 크게 미치지 못한다면 매우 곤란할 것이다. 높은 수익률을 추구하지 않더라도 꾸준한 목표 수익률(예. 연 5%, 연 6% 등)이 되도록 관리해야 한다. 특히 장기 수익률에 초점을 맞추어 관리해야 한다. 1년 수익률에 집착할 필요가 없다.

예를 들어 1년 전 경제 위기로 어려움을 겪다가 다음 해에는 반대급부로 올라가는 경우가 있다. 이런 경우 수익률은 기저효과로 인한 높은 수치를 기록하기 때문에 포장된 단기 수익률에 치우쳐서는 안 된다.

상품도 장기 수익률을 잘 관리하는 것으로 접근해야 한다. 그래서 산업의 큰 흐름에서 바라보고 접근해야 하는 이유이기도 하다.

납입과 수령 노하우라 함은 납입 시 혜택과 수령 시 비용(세금) 측면에서 효과를 고려해야 한다는 뜻이다. 그리고 은퇴 후 소득 끊김 기간(크레바스)을 감안한 접근도 필요하다. 무엇보다도 현역 시절에 받던 소득의 규모가 급격히 사라지는 것은 개인과 가정 공동체에 큰 위협이기 때문에 이에 대한 대비가 중요하다.

또한 세액공제 받은 금액과 운용수익의 경우 수령할 때 일정 금액을 초과(년간 1500만 원)하여 받으면 수령금액 전액이 종합소득과세가 되기 때문에 유의해야 한다.

그리고 은퇴 후 피할 수 없는 준조세 성격을 지닌 건강보험료도 고려하여야 한다. 전혀 생각하지 못하고 있다가 큰 부담을 느끼는 부분이 될 수도 있다. 현재는 건강보험 지역가입자의 경우 국민연금만 소득으로 보고 부과하지만 추후에는 사적연금[21]도 소득으로 보고 부과할 가능성이 높다. 원칙은 부과해야 할 소득이지만 현재는 국민 수용성을 고려하여 부과하지 않고 있을 뿐이다.

연금 다층 구조를 감안할 때 함께 준비할 수 있는 것이 개인연금이다. 개인연금은 개인형 IRP와 일정 부분 겹치기는 하지만 개인의 노후를 위해 정부에서도 신경을 써서 세금 혜택을 제공하거나 과세를 최소화하고 있다.

개인연금은 연금저축과 연금보험이 있다. 연금저축의 경우 예전에는 소득공제의 혜택을 주었고, 2014년 이후부터는 세액공제로 변경되었다. 앞서 IRP 소개에서 언급했지만 세액공제 혜택은 연금저축도 동일하게 적용된다. 단, 연금저축 단독으로 준비 시 세액공제 한도는 600만 원이고, IRP 합산하여 900만 원까지 적용된다.[22] 총 납입 한도는 IRP 포함하여 1,800만 원이니 수익률이 좋고 관리가 잘 된다면 세액공제와 관계없이 추가 투

---

21 퇴직연금 및 세제적격연금 포함
22 IRP는 단독으로 900만 원까지 가능

자도 고려할 만하다.

장점이 많음에도 불구하고 그에 따른 불편의 대가도 있다. 특별한 사유를 제외하고 중도인출이 불가하며 연금 외 수령 시 원금과 이자 포함하여 총액의 16.5%를 기타 소득세로 지불해야 한다.

또 연금저축과 개인 퇴직계좌인 IRP는 연말정산 용도로만 여기고 가입하면 곤란하다. 연말정산용으로 가입하여 세금을 일정 금액 돌려받을 수 있으나 매년 돌려받는 연말정산 환급금은 당장 쓰고 수중에 한 푼도 남지 않는 경우가 많은 반면, 연금으로 수령하는 노후에는 세금을 내야 하기 때문이다. 그래서 연말정산 환급금은 반드시 재투자를 해야 한다. 재투자 시에는 연금보험 등을 활용하면 효과적이다.

개인연금 중 다른 축인 연금보험 또한 준비하면 노후에 크게 힘이 된다. 연금보험은 변액연금 또는 일반 정액연금 유형이 있다. 연금보험의 큰 장점은 일정 조건을 만족하면 소위 비과세의 혜택을 누리는 것이다. 저축성보험의 이자소득 비과세 조건을 충족하면 된다. 5년 납 이상 10년 유지, 월 적립액 150만 원 이하 등의 조건이 있다.

연금보험 중에서 변액연금의 경우 수익률이 뛰어난 상품들이 존재하기 때문에 이를 활용하는 것이 지혜롭다. 수익률은 직접 관리하기 곤란하면 투자 로봇을 활용하면 아주 수월하다. 수익률과 함께 연금보험의 적립액을 높이는 방법은 추가납을 활용하고 중도인출은 하지 않도록 한다. 목돈이 필요한 비상시에는 약관대출을 활용하는 것이 대안이다.

결론적으로 연금보험은 노후 대비 연금의 한 축으로 야무지게 역할을 할 수 있도록 비과세, 수익률, 추가납, 장기간 납입하여 적립금액을 높이는 방식으로 활용하면 노후가 매우 풍족해질 수 있다.

서울에 사는 A 씨(66년생, 남) 부부는 변액유니버설보험(저축성)을 잘 활용하여 화제가 되었다. A 씨 부부는 2008년부터 월 50만 원씩[23] 노후를 위해 저축하는 상품에 가입했다. 부부는 적극적으로 펀드를 운영하였으며, 4억 3천만 원이 넘는 돈을 추가납으로 납부했다. 최근 적립액이 38억 가량 되어(수익률 780%) 32억을 인출하고 나머지는 노후 용도로 활용하는 것으로 남겨 두었다. 심지어 인출한 32억 원은 비과세였다.

이외 연금 종류로 역모기지 연금이 있다. 간단히 설명하면, 개인의 재산을 담보로 매월 일정 금액(연금)으로 대출을 해 주는 것으로 이해하면 된다.

기획재정부 산하의 주택금융공사라는 공기업에서 주택연금을 시행하고 있는데 이것이 바로 역모기지 연금 형태를 띠고 있다. 주택연금은 가입 조건이 있다. 주택 소유주가 대한민국 국민이

---

23 105개월 납입하여 5천2백5십만 원 납입

어야 하며 나이 제한이 있다. 부부 중 누구든 55세 이상이면 된다. 주택 가격은 공시가격 기준으로 9억 원 이하며, 다주택자의 경우에도 주택 가격을 합산하여 9억 이하면 가입된다. 그리고 본인 거주 주택으로 제한한다.

주택연금의 주요 결정사항으로는 주택을 본인 소유로 한 상태로 연금을 수령할 것인지, 소유권을 한국주택금융공사에 신탁 등기하여 이전할 것인지 의사결정해야 한다. 신탁 방식의 경우 가입자 사망 시 배우자가 연금을 자동 승계하는 장점이 있다. 반면 본인 소유권을 유지할 경우에는 저당권을 설정하는 방식(저당권 방식)으로 진행하며 소유자 사망 시 배우자에게 등기 이전하여 연금 승계를 할 수 있다.

본인이 소유하는 방식은 주택을 아직 소유하고 있다는 심리적 안정감을 가질 수 있다. 참고로 신탁 방식이든 저당권 방식이든 주택 가격 상승 등으로 주택연금을 취소할 수는 있지만 이자 및 보증료는 부담해야만 한다.

이외 주택연금처럼 특정인을 위한 역모기지 연금제도가 있다. 65세 이상의 농업인이면서 5년 이상의 영농경력이 있는 사람을 대상으로 한 농지연금이 그것이다. 지목이 전, 답, 과수원이면 가능하다.

연금을 구분하는 방법 중 기여(납부) 한 후 돌려받는 방식과 본인이 직접 노력한 것(기여)은 없으나 최소한의 생활을 국가가 도와주는 비(非) 기여 연금으로 나눌 수 있다. 위에 언급한 연금들은 기여 연금으로 통칭해서 볼 수 있다.

비(非) 기여 연금에서 비중이 큰 연금은 바로 기초연금[24]이다. 기초연금은 공적 부조의 특징을 갖고 있다. 복지의 측면에서 다루는 연금으로 이해하면 된다. 대한민국 국적자이고 만 65세 이상 중 소득 인정액이 선정 기준액 이하에 해당하면 기초연금을 받을 수 있다. 소득 인정액은 소득 기준 하위 70%를 기준으로 하며 이에 해당하는 분들에게 국가가 지급한다.

기초연금은 현재 노년 세대 생활비에 중요한 위치를 차지하고 있다. 연금으로 명명하나 공식적으로는 이전소득에 해당하기 때문에 다른 장에서 설명을 곁들이기로 하자.

L 씨(63년생)는 대기업에서 37년 이상 근무한 뒤 은퇴했다. 직장에 근무하면서 연금의 중요성 일찍이 깨달아 전업주부인 배우자의 국민연금도 준비했다. 퇴직연금을 성실하게 관리했고, 개인연금 등으로 연금의 규모를 늘려갔다.

L 씨가 연금을 수령할 시기에는 배우자의 국민연금을 포함하여 국민연금이 300만 원가량 예상되고 퇴직연금, 개인연금 등을 합산하면 매월 500만 원을 훨씬 초과하는 수준에서 수령할 것으로 예상한다. 은퇴를 계획하고 준비하면서 80세까지 은퇴 전 생활비의 100%를 목표로 하고 이후에는 70% 수준에서 계획

---

24 기초노령연금이라고도 함. 국민연금의 노령연금과 이름이 비슷하니 기초연금으로 기억하자.

하고 연금 중심으로 꾸준히 준비한 L 씨는 노후 준비를 열심히 한 경우다. 은퇴 후에는 취미 부자로 살아가는 것을 꿈꾸며 지낸 그에게 그 꿈은 현실이 될 듯하다.

교사로 정년 은퇴한 S 씨(남, 56년생)도 연금으로 인해 부족함 없는 노후를 보내고 있다. 그는 공공 문화센터에서 요리도 배우고 음악도 하고, 옛 동료들과 등산도 하면서 하루하루를 알차게 보내고 있는데 연금의 든든함을 절실히 느낀다고 한다.

K 씨(65년생)는 대기업에서 오랜 기간 근무하던 중 명예퇴직한 뒤 중소기업의 임원으로 이직한 경우다. 그의 배우자는 교사로 맞벌이를 하고 있다.

일 년에 한두 차례는 꼭 해외여행을 간다는 K 씨의 경우, 국민연금과 퇴직연금, 아내의 공무원 연금 그리고 부부의 개인연금을 오래전부터 꾸준히 불입하며 준비했다. 정년 연한을 채우고 잘 은퇴하는 것을 1차 목표로 생각하면서 중소기업의 임원 역할을 성실히 수행하고 있다.

K 씨는 공대 출신으로 기술 엔지니어 전문가로 명성을 쌓아 온 것이 업계에서 오랜 시간 일할 수 있는 계기가 아닐까 생각하고 있다. 앞으로 5~6년 정도 근무하면 작은 자녀의 독립까지 될 것으로 예상한다. 그리고 배우자의 은퇴는 8~9년 남아 있지만 부부는 은퇴 준비를 꼼꼼히 하고 있다. 부부의 연금 수령 예상액은 550만 원은 된다고 하니 성실히 살아온 대가로 나쁘지 않다고 여기고 있다.

K 씨는 말한다. "연금만 생각하면 일상이 행복하다. 아내와 노후 여행을 꾸준히 다니려 이곳저곳 미래 여행 계획까지 짜고 있다. 건강관리도 함께 하면서 행복 노후를 상상하고 있다."

비록 대기업 임원은 아니지만 견실한 중소기업에서 본인의 실력을 인정받으며 기업의 중추 역할을 하고 있음을 보면 본인의 의사에 따라 기업에서 일할 수 있는 근무연수는 늘어날 수도 있다.

충분히 준비된 연금생활자(예비자)들을 볼 때면 한결같이 마음의 여유가 느껴진다. 노후 소득의 가장 큰 틀이 바로 연금이라는 것은 적은 연금액이라도 노후에 끼치는 연금의 중요성을 보면 바로 알 수 있다. L 씨와 K 씨처럼 연금으로 충분한 생활비를 마련한 경우는 여유 있는 노후를 맞이할 것이다.

연금준비 핵심 포인트 10계명

노후 준비의 기본인 연금! 연금을 준비하는데 반드시 고려해야 할 필수사항들을 연금 준비 핵심 포인트 10계명으로 정리해 보았다.

☑ 01. 맞벌이 연금을 만들어야 한다.

부부 중 한쪽에 치우친 연금 준비보다는 부부 각각 균형감 있는 연금을 준비하는 것이 좋은 접근법이다. 맞벌이 부부라면 연금 준비를 각각 자연스럽게 준비할 수 있지만 홑벌이(외벌이) 가정이라면 한 사람 위주(소득자 위주)의 연금을 준비하기 마련이다.

공적연금뿐 아니라 세액을 공제받는 개인연금도 소득자 위주로 가입하기 쉽다. 하지만 일하지 않는 배우자(소득이 없는 배우자)라도 공적연금 가입을 하고 개인연금을 적극적으로 활용하여 맞벌이 연금으로 노후 생활을 계획해야 한다.

왜냐하면 소득이 있는 사람 위주로만 연금을 준비한다면 노후 연금액 측면에서 한계를 갖게 되고 공적 연금의 여러 장점[25]도 놓치는 우를 범하게 된다. 연금 맞벌이는 현역 시절의 소득을 최대한 보완하기 좋은 대안이다. 이는 선택이 아니라 필수사항이다. 부부 맞벌이 연금은 현역 시절 대비 노후에 부족한 현금 흐름을 메우는 최적의 길임을 잊지말자.

☑ 02. 홀로 연금에 대비해야 한다.

만약 부부가 함께 노후를 보내는 중에 연금 수급액이 큰 배우자(예. 남편)가 먼저 돌아가신다면 남겨진 배우자는 확 줄어든 연금으로 살아가야 한다.

일본에서는 부부가 연금 수령 시 어려움 없이 생활을 하다가 한 분이 돌아가시면 생존 배우자는 경제적으로 어려움을 겪는 경우가 아주 흔하다. 연금 수급액은 눈에 띄게 줄어드는 반면 부부 생활비와 홀로 남겨진 배우자의 생활비 사이에 얼마나 차이가 있을지 생각해 볼 문제다. 개인마다 편차가 있을지라도 노후생활비에서 고정비의 비중이 높기에 큰 편차가 없을 가능성이 현저하다.

싱글인 경우도 마찬가지다. 싱글이라고 하더라도 노후에는 옆에서 도와주거나 아플 때 셀프케어를 해야 하기 때문에 돌봄 비용 등이 부담될 수 있다. 싱글이기 때문에 친구, 동료 그리고 동호회 등 사회적 관계에 사용하는 소비가 적지 않고 가족들에게 지출하는 금액도 상

---

25 사적연금 대비 뛰어난 수익비, 재분배 효과, 물가 상승률을 고려한 매년 연금액 상승 등

당하다.

최근에는 반려동물을 키우는 싱글이 급증하고 있는데 동물 케어 비용[26]이 자녀를 양육하는 비용만큼 필요하다고 한다. 싱글이라도 생활비가 적지 않게 들어간다는 사실에 주의해야 한다. 야무진 홀로 연금은 연금 준비를 위한 또 하나의 중요사항이다.

홀로 연금 준비 측면에서 자세히 살펴보자면, 특히 여성의 연금 준비에 더욱 관심을 가져야 한다. 홀로 여성 연금에 신경 써야 하는 것은 여성의 저조한 공적연금 가입률, 경력단절에 따른 재취업의 어려움, 주부로 있으면서 연금 준비 소홀 등 여성의 노후 준비가 부실하기 때문이다.

이와 같은 상황에서 고령 여성이 사별이나 이혼 등으로 홀로 노후를 보낼 경우 빈곤에 직면할 가능성이 어떤 경우보다 높아진다. 갈수록 노인세대 중 1인 고령자 가구가 증가하고 있는데 이중 여성 비율이 압도적으로 높다. 이런 추세는 앞으로 더욱 심화될 것이다.

2025년 전체 고령자 중 1인 고령자 가구 비중이 34.3%로 예측되며, 이 중 독거 남성 노인 28.1%, 독거 여성 노인 비율은 71.9%로 나타날 것으로 추정된다.

---

26 미용비, 사료비, 훈련비, 치료비 등

현재도 그렇지만 앞으로도 홀로 살아가는 여성 노인 비중이 높아질 것이다. 여성의 연금을 튼튼하게 설계해야 하는 이유다.

국민연금에서 아내가 유족연금을 수령하는 것을 가정해서 한번 들여다보자. 납입 기간별로 다르지만 20년을 초과하여 납입하면 기본연금액의 60%를 유족연금으로 받고, 15년 이상 납입하면 기본연금액의 50%, 10년 이상 납입하면 40%를 각각 받는다. 하지만 유족연금은 절대액이 크지 않기 때문에 넋 놓고 가만히 있어선 곤란하다.

예를 들어, 남편이 30년간 납입하고 받는 국민연금(노령연금)이 200만 원이라고 하자. 그리고 노령연금액이 곧 기본연금액이라면, 유족연금은 200만 원×0.6(60%)=120만 원이다. 부부가 함께 200만 원으로 살다가 혼자 120만 원으로 생활비를 충당해야 한다면, 매월 경제적 부족에 노출되기 쉽고 질병이나 특정 사건이 발생하여 목돈이라도 필요하면 남겨진 배우자는 노후 빈곤을 맞이할 수 있다.

결론적으로 부부의 경우 부부연금[27]을 준비하되 균형 있게 준비하고 싱글의 경우에도 연금 준비에 만전을 기해야 한다. 특히 부부의 경우 여성 배우자가 부족하지 않도록 준비하는 게 핵심 포인트다.

✅ 03. 물가 상승률을 고려해야 한다.

인플레이션에 무관심하면 소위 연금의 무용성[28]에 노출될 수 있다. 노후 생활을 위해 현재 소비를 자제하면서 준비한 연금이기에 더욱 물가인상에 대비해야 한다.

인플레이션은 소리 없는 노후의 적이라고 한다. 지금은 반찬 재료를 구매할 수 있지만, 노후에 구매가 불가능할 만큼 가격 인상이 이루어진다면 큰 낭패다. 3~4년 전 애호박 개당 1천 원이었지만, 지금은 2천 원 전후 가격으로 변하는 걸 보면 놀라지 않을 수 없다.

이같이 화폐 가치가 떨어지는 현상은 노후에 큰 위협이다. 물가인상(인플레이션)은 매년 발생한다. 따라서 연금 수익률은 물가인상률을 초과하는 수준이어야 한다. 안타까운 사실은 현재 운용되는 연금상품들 가운데 장기 수익률이 물가인상률을 초과하는 경우가 많지 않다는 것이다.

연금관리의 핵심은 인플레이션을 방어(Hedge) 하는 것이라고 해도 과언이 아니다. 물가인상을 고려하되 연금 납입 규모와 연금 적립액을 꾸준히 관리해야 연금

---

27 공적연금, 개인연금 등
28 연금의 무용성이란 물가상승에 따른 돈의 가치가 하락하여 연금 수령 시기 연금소득으로서 기능이 떨어지는 현상을 말한다(저자 주). 다른 말로 연금의 배신으로 말할 수 있다(조연행, 『연금의 배신』 中).

의 가치를 제대로 유지하고 추후 연금 기능을 발휘할 수 있다.

소비자물가지수 - 통계청(IMF자료)

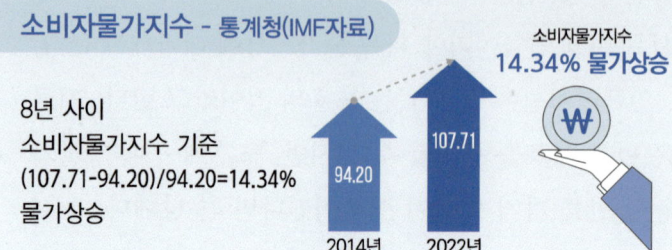

8년 사이
소비자물가지수 기준
(107.71-94.20)/94.20=14.34%
물가상승

소비자물가지수
14.34% 물가상승

94.20 (2014년) → 107.71 (2022년)

* 최근 3년간(21년 1월 ~ 24년 4월) 소비자 물가 상승률 : **12.8%**

고령자 지출부담 (2020년 노인실태조사 한국보건사회연구원)

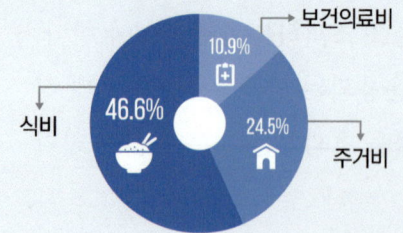

- 식비 46.6%
- 보건의료비 10.9%
- 주거비 24.5%

먹거리 물가인상률은 심각하다.
고령자의 주된 지출과 연관되어 더욱 그렇다.

먹거리 물가 추이(식료품·비주류음료) - 통계청

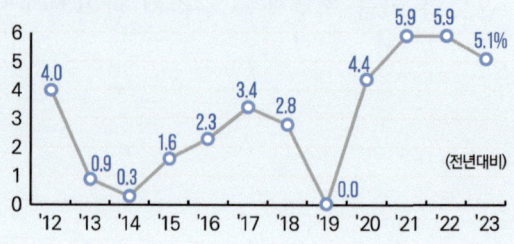

'12: 4.0, '13: 0.9, '14: 0.3, '15: 1.6, '16: 2.3, '17: 3.4, '18: 2.8, '19: 0.0, '20: 4.4, '21: 5.9, '22: 5.9, '23: 5.1% (전년대비)

✅ 04. 세금을 고려해야 한다.

연금 특성에서 또 하나의 관전 포인트는 세금관리다. 세금관리는 납입할 때와 연금을 받을 때 2가지 측면에서 고려해 볼 수 있다. 연금 납입 시의 세금도 신경 써야 하지만 무엇보다도 연금 수령 시 세금관리에 더욱 관심을 가져야 한다. 소득활동 시기의 세금은 부담이 크진 않지만 현금 흐름이 원활하지 않는(소득 비활동 시기) 노후의 세금은 무게감이 다르다. 따라서 연금 수령 시점 세금관리에 더욱 세심해야 한다.

구분	납입 시	수령 시	기타
국민연금	소득공제 (납입 전액)	연금소득세 (기본세율)	건강보험 부과대상 소득월액(년 2천만 원 초과 시 피부양자제외)
연금저축 &퇴직연금 (IRP) : 연금계좌	~2014년 소득공제. 이후는 세액공제. (13.2% or 16.5%)	• 연금소득세(연금 수령 시) • 소득 분리과세 (3.3%~5.5%) 또는 종합소득과세 (마이너스 수익이라도 과세) • 퇴직소득세(퇴직연금 경우)의 70% 또는 60% 과세	1,500만 원 한도 (초과 시 종소세 또는 16.5% 적용 가), 현재는 지역가입자 건강보험료 소득에 포함 안 됨(단 추후 소득으로 포함 가).
연금보험 &변액연금	해당사항 없음.	조건충족 시 : 차익은 이자소득 과세하지 않음(비과세).	• 한도 월 150만 (일시 1억) • 금액 관계없이 건강보험료 산정 소득과는 전혀 무관

특히 준조세적 성격을 가지고 있으면서 노후시기 큰 부담으로 작용하는 건강보험료 대응이 무엇보다 중요하다. 현역 시기에는 회사에서 1/2 부담을 해주고 급여에서 차감하기 때문에 비용 부담으로 와닿지 않지만, 노후에는 오롯이 개인 홀로 비용을 짊어져야 하기에 은퇴 후 건강보험료 고지서에 적지 않게 당황하는 경우가 허다하다.

은퇴 후 건강보험료 고지서 수령 후 2개월 내 공단에 신청하면 현역 때와 동일한 보험료 조건으로 36개월간 납부할 수 있다. 물론 본인이 전부 부담해야 한다. 이를 일컬어 건강보험 임의 계속 가입제도라고 하는데 지역가입자에 해당하는 건강보험료와 비교해 보고 본인에게 유리한 방향으로 결정하면 된다.

최근 피부양자 조건이 많이 강화되었지만, 대상 유무를 잘 따져보고 피부양자가 될 수 있는지 고려해야 한다. 그리고 직장 가입자의 요건을 충족할 수 있는지도 생각해야 한다. 지역가입자의 경우는 소득과 재산을 점수로 환산하여 부과하기 때문에 상대적으로 보험료가 클 수 있다. 건강보험료는 준조세 성격을 갖고 있기 때문에 세금과 동등한 입장에서 접근하고 절건보[29] 하도록 대안을 모색해야 한다.

연금 종류별 건강보험료 산정 시 소득 포함 여부

항목	피부양자 소득조건	지역가입자 건강보험료 소득조건	기초연금 소득조건
국민연금 수령금액	포함	포함	포함
연금저축계좌& 퇴직연금	포함	추후 포함	포함
연금보험 (변액연금 포함)	불포함	불포함	포함

☑ 05. 세액공제를 받는 연금은 연말정산용으로만 활용해서는 곤란하다.

연말정산환급용으로만 머물러선 안 되고 세액공제로 돌려받는 금액은 반드시 재투자해야 한다. 연금계좌[30] 관련하여 연간 9백만 원 한도로 납입액의 13.2%나 16.5%[31]를 연말정산 시 세액공제라는 이름으로 이미 납부한 세금에서 돌려받는다.[32] 좋은 혜택임은 분명하다.

하지만 세액공제 환급을 위해서는 그에 대한 대가가 뒤따른다. 아주 특별한 경우가 아니면 중도인출은 불

---

29 건강보험료 줄이기
30 연금저축과 개인형 IRP를 포함한 뜻
31 총급여 5천5백만 원 이하 또는 종합소득 4천5백만 원 이하
32 연금저축과 세금(IRP 포함) 자료 참고할 것(61페이지)

가하며 해지 시에는 원리금의 16.5%라는 큰 비용을 지불 해야 한다. 또한 세액공제상품은 소득이 있는 사람만 가입할 수 있어서 소득이 없는 전업주부 등의 연금 준비가 소홀해지기 쉽다. 그리고 연금을 수령할 때 마이너스 수익률이라 하더라도 연금액 대비하여 세금을 내야 한다. 이미 세액공제[33] 혜택을 누렸기 때문이다.

추후 해당 연금소득에 관하여 건강보험료 부과 대상이 될 수 있는 것도 리스크 중 하나다. 이처럼 세액공제에 대한 몇 가지 대가가 있다. 하지만 연금계좌는 준비를 단단히 해 둬야 한다. 노후의 현금 흐름을 준비하는 효과적 방법 중 하나임은 분명하기 때문이다.

단, 세액공제 환급액을 동시에 계속 관리해야 한다는 것을 명심해야 한다. 왜냐하면 연금 수령 시 세금이 부과되기 때문이다. 세액공제 연금상품이 세금 면제가 아니라 세금이연 기능이 있을 뿐이다. 노후 소득이 없는 상태에서 아무리 저율 과세(5.5%~3.3%) 된다고 하더라도 상당한 부담이 될 수 있다. 현역 때 10만 원과 소득이 부족한 노후 때 10만 원은 그 무게감이 다르기 때문이다. 하지만 세액공제로 돌려받는 금액 관리를 잘 한다면 무엇보다도 효과적인 노후 생활을 그려볼 수 있

---

33 예전 상품은 소득공제

다. 노후자금 보완기능과 세금 납부용으로 동시 활용하면 좋은 혜안이라 확신한다.

☑ 06. 은퇴 후 길어진 생존 기간을 고려하되 노후 현금 흐름이 끊기지 않도록 연금을 설계해야 한다.

노후 현금 흐름을 고려할 때 짚어야 할 대목이 생활비다. 즉 현역 때와 비교하여 노후시기에 생활비 규모가 줄어들지의 유무다. 대부분의 경우 생활비는 현역 때나 노후시기나 별 차이가 없다고 한다. 나이와 상관없이 좋아하는 것, 먹는 것, 즐기는 것 등이 다르지 않다. 삶이란 연속적이기 때문이다. 예를 들어 젊은 분들은 물론이지만 노년층의 많은 분들도 취미활동과 문화소비에 진심이다. 소위 덕후 활동과 '굿즈' 소비 등 문화활동은 여전히 활발하다.

'50~60대 청년분들께 부탁드립니다. 본인도 뒤늦게 멜론을 소개받고 가입한 후 스트리밍에 노력하고 있어요. 여러분도 할 수 있으니 함께 노력해 주세요.' 어느 유명 트롯가수의 팬카페에 본인들이 좋아하는 가수의 순위가 올라가길 바라면서 스트리밍 횟수를 늘리고자 70대가 동년배(?)들을 독려하는 글이다.

그렇다. 노년층의 문화활동도 이미 대단한 것으로 정평이 나 있다. 특히 소비력까지 갖추고 있으니 아이돌

그룹 팬층 못지않다는 평가가 많다. 예전에는 은퇴 설계 시 생활비를 현역 대비 70%를 기준으로 준비하면 된다는 의견이 많았다. 하지만 이런 접근은 함정이 있을 수 있다. 노후생활비가 현역 때와 비교하여 줄어든다는 가정은 틀린 진단일 수 있다.

평균 수명이 길어지다 보니 노후시기를 세분화하여 80세를 기점으로 노령전기와 노령후기로 나누기도 한다. 노후 전반기에는 활동에 따른 비용[34]이 은퇴 전(前)과 비슷한 정도로 소요되어 생활비가 별 차이 없다. 생활에도 관성이 깊게 스며들어있기 때문이다. 현역 때나 쓰는 돈 차이가 거의 없다고 보면 된다. 소비에는 하방 경직성이 작용한다고 하는 데 딱 그 표현이다.[35]

그렇다면 노령 후기는 어떨까? 노후 후반기에는 활동에 따른 소비는 줄어들지만 의료비가 본격적으로 늘어가는 시기다. 따라서 노후 현금 흐름은 별 차이없을 수 있으니 유의해야 한다. 즉 활동비나 의료비 등 이름표가 달라질 뿐 노후생활비는 확 줄지 않는다. 막연하게 노후에 쓰는 비용이 줄어들 것이라는 것은 착각에 지나지 않는다.

---

34 여행, 취미, 관계유지, 문화활동 등
35 '소비의 톱니 효과'라고도 한다.

의료비와 관련하여 나이가 들수록 증가하는 것을 은퇴 직전과 대비하여 보면 확연하다. 65세에서 69세 이상 연간 진료비가 은퇴 직전(55세~59세) 대비 1.8배가 소요되고, 심지어 70세 이상은 2.6배 이상의 진료비가 필요하다.[36] 그리고 65세 이상부터 생애 의료비의 50% 이상(남 50%, 여 55%)을 사용한다니 단단히 준비해야 할 터이다.[37]

이같이 노후의 변하지 않는 생활비와 노후시기 집중되는 의료비가 노후빈곤의 주요 요인이다. 서울회생법원은 파산의 상당한 비율이 노년층이라고 발표(2022년)했는데, 파산의 원인을 보면 의미심장하다. 파산 원인을 보면 소득은 줄어드는 데 생활비가 줄지 않거나 의료비가 늘어나는 것이 대부분을 차지한다고 했다. 노후빈곤 요인과 파산의 이유가 동일하다.[38]

이런 시사점을 고려할 때, 연금 설계 시 현역 때 생활비 수준에서 80세까지 준비하고 이후에는 70% 수준에서 준비하는 것이 현실적 방안이다. 그리고 국민연금 이외 퇴직연금을 비롯하여 사적연금도 오래 사는 것에 대비하여 확정기간형 보다는 장기간 또는 종신연금 형

---

36 국민건강보험공단 2021년 연령별 연간진료비 자료 분석에 의함 - 저자
37 한국보건산업진흥원
38 앞선 표 '개인파산 신청 원인 순위별' 참조(21페이지)

태로 준비하는 것이 지혜로운 대안이 될 것이다.[39]

개인 파산 연령별 비율(서울회생법원)

연령대별	2019년	2020년	2021년	2022년
29세 이하	1.55%	1.48%	1.14%	1.30%
30~39세	8.00%	6.90%	5.66%	5.04%
40~49세	19.78%	18.94%	16.70%	14.75%
50~59세	33.45%	33.57%	32.59%	30.83%
60세 이상	37.21%	39.11%	43.91%	48.08%

– 표를 보면 50대 이상 중고령층의 파산비율이 80%에 육박한다.

✅ 07. 은퇴 후 소득 크레바스 구간에 대비해야 한다.

은퇴 후 공적 연금을 받기 전 소득 공백이 일시적으로 발생한다. 이 기간에 줄어든 생활비를 충당하기 위해 인생 2막 일자리뿐 아니라 일부 연금을 준비하여 공백 기간을 대비해야 한다. 특히 은퇴 수년 전부터 생활비의 다운사이징을 위해 노력하는 것도 필요하다.

은퇴 후 일자리를 얻는다고 하더라도 소득은 현역(주된 일자리) 시절의 40~50% 수준이 대부분이다. 일자리

---

39 퇴직연금 수령금액이 높은 것은 짧은 기간 수령하기 때문이다. 퇴직연금도 수령 기간을 길게 설정하는 것이 필요하다. (표 '2021년 연금 종류별 수급 현황' 참고 – 60 페이지)

를 구한다고 하더라도 생활비 다운사이징과 함께 부족분을 채워줄 수 있는 연금 전략이 필요하다. 퇴직연금이나 개인연금의 수령 시기를 조절하는 것으로 보완할 수 있다. 이외 자산의 리밸런싱(조정)을 통해 부족분을 메울 수도 있다.

☑ 08. 연금 수익률을 높이는 방식을 고려하되 시장 리스크를 통제하기 위하여 기간과 납입 방법을 활용한다.

간단히 말해서 장기간 납입하고 적립식이라는 방식을 활용하는 노력이 중요하다.

펜실베니아 대학교 와튼스쿨 교수이면서 세계적 주식투자 전략가로 명성이 자자한 제레미 시겔 교수는 시간을 지배하는 장기 투자 시 리스크는 거의 없다고 말한다. 그는 미국 주식과 국채 보유 기간별 변동성과 수익률을 실증분석한 결과를 발표한 적이 있다. 주식을 10년 보유하면 국채보다 변동성이 현저히 낮아지고 17년 이상 보유 시 손실 확률이 거의 제로에 가까워진다는 것이다.

시장리스크를 최소화하는 또 다른 방안은 매월 또는 일정 기간별로 적립식으로 투자자산을 매입하는 것이다. 이렇게 꾸준히 적금 넣듯이 납입하면 매입단가비

용도 낮아진다. 이를 일명 달러 코스트 에버리징 효과[40]라고 한다.

게리 브론슨(미국 증권분석가)은 선진국 90개국 이상의 연기금 수익률을 10년간 분석한 결과 장기투자수익률의 90% 이상에 영향을 미치는 요소는 다름 아닌 자산 배분임을 발견했다. 적립식 방식으로 자연스럽게 자산 배분의 효과를 발휘할 수 있도록 하면 된다. 게리 브론슨에 의하면 자산 배분 외 종목 선정은 4.2%이며, 매매 타이밍은 1.7% 영향을 미치는 데 불과하다고 강조했다.

이와 함께 간과하지 말아야 할 요소가 있다. 그것은 바로 수익을 잘 내는 운용사를 찾는 것이다. 현재 우리나라에 판매되고 있는 연금저축펀드 1,955건(2024년 2월 기준)의 수익률을 들여다보면 10년 장기수익률이 20% 이상인 상품 비율이 10개 중 하나 정도에 불과하다.[41]

수익률이 높은 펀드도 있지만 대부분 기대에 미치지 못하고 있다. 그런데 이를 분석하는 가운데 하나의 특징이 있음을 알게 되었는데 수익을 잘 실현하는 운용

---

40 Dollar Cost Averaging effect
41 연간 평균수익률과 비용을 조정하여 산정 - 저자

사가 있다는 것이다. 운용사의 중요성을 데이터로 확인하는 순간이었다. 장기 수익률이 높은 경우는 소수의 운용사에 집중되어 있음을 알 수 있었다. 수익률 관리에 진심인 펀드 운용사를 택해야 한다. 액티브형이든 인덱스형이든 관계없이 수익률은 데이터로 판단해야 한다.

노후에 연금 개시를 하려고 할 때 연금 적립금이 생각보다 부실하면 얼마나 막막하겠는가. 이러면 결과를 돌이키기 어렵다는 사실을 기억하고 스스로 관심을 두고 연금을 관리해야 한다.

☑ 09. 비과세 연금상품을 활용해야 한다.

비과세 연금상품이란 일정 요건을 만족하는 저축성 보험의 이자 차익에 관하여 과세하지 않는 것을 말한다. 납입 시 세액공제 혜택 등은 없지만 일정 조건 만족 시 이자 소득세가 전혀 없다. 건강보험료 산정과도 무관하게 작용하기 때문에 그 혜택이 상당하다. 즉 비과세 연금보험을 활용하면 노후 연금을 운영하거나 연금생활자로서 세금이나 건강보험료 등의 영향에서 자유롭게 된다.

세금의 무게감과 관리의 중요성은 노후에 더욱 크게 다가온다. 현역 시절 소득에서 차지하는 10만 원은 전혀 부담이 없지만 은퇴 후 소득 공백때나 소득 반 토막 시기에는 10만 원의 무게감은 다르다. 10만 원이 10만 원이 아닌 것이다. 따라서 현역 시절의 세액공제와 함께 비과세 연금(연금저축보험)을 적절히 함께 사용하면 노후 연금액이 더욱 풍족해질 수 있다.

비과세 연금은 수익 관리를 잘 하는 회사 선택이 중요하고 꾸준히 오랜 시간 수익을 내는 회사와 상품을 선택하는 것이 중요하다. 이는 국민연금, 퇴직연금과 함께 노후 생활에 효자가 될 수 있다. 비과세 한도[42]를 고려하여 노후 현금 흐름을 더욱 야무지게 사용해 보자.

✅ 10. 공짜 연금은 없다.

세상에 공짜는 없는 법이다. 연금도 마찬가지다. 즉, 수수료나 비용을 생각해야 한다는 것이다. 연금 준비에서 이런 요소까지 고려한 세심함이 필요하다. 심지어 주택연금[43]조차도 수수료가 부과된다.

국민연금은 가입 기간과 국민연금 전체 가입자들의 수급 전(前) 3년 평균 소득 월액, 가입자 본인 월평균 소

---

42 일시금 1억 또는 월 적립액 150만 원
43 실제는 대출상품임

득 등으로 연금액이 정해진다. 반면 국민연금 외 타 연금은 연금 개시 전까지 운용 적립액이 매우 중요하다. 적립액에 따라 매월(매년) 연금수령액이 달라지기 때문이다. 연금 적립에 영향을 주는 요소는 월 납입액에서 수수료와 각종 비용을 제외한 순 납입액과 수익률이다. 따라서 수수료와 비용이 적어야 연금 적립액을 높일 수 있다.

  비과세 상품 가입 시 추가 납입을 통해 수수료를 최소화하는 방법을 사용하거나 연금저축의 경우 수수료율과 이를 지불할 때 선취인지 후취[44]인지 등도 살펴보는 것도 좋은 팁이다.

---

[44] 선취는 원금에서 수수료를 제하고 투자하는 것이며 후취는 투자된 금액과 수익을 합산한 금액에서 수수료를 제하는 것이다.

**CLOSER THAN
YOU THINK**

4장

인생 2막도
일자리가 힘이더라

일자리 소득

4장

인생 2막도 일자리가 힘이더라
일자리 소득

은퇴 후의 용돈은 얼마 되지 않는다. 그래서인지 여기저기서 날아드는 청첩장과 부고(訃告)가 적잖이 부담이 된다. 친구나 후배 등을 만나 밥값이나 술값을 내는 것도 부담이다. 은퇴한 직장 선배와 현역에 있는 후배가 만나 식사를 할 때, 후배가 먼저 계산을 하겠다고 일어서면 그리 고마울 수가 없다. 선배의 지갑 두께를 배려한 후배의 마음 씀씀이가 내심 고맙고 반갑다.

현역 시절 사회적 지위가 높을수록 은퇴 후에도 품위 유지에 드는 비용이 만만치 않다. 차라리 예전의 모습을 생각하지 않고 동네 문화센터나 도서관에서 시간을 보내는 것이 마음 편한 일상으로 다가온다. 그러나 또 다른 자아를 찾아 일자리를 구하고자 하는 욕구도 상당히 존재한다. 이와 더불어 경제적 문제를 해결해야 하는 현실도 일자리를 찾아나서는 이유가 된다. 고령층에서 노후 준비가 부실한 경우가 많다 보니 자발적으로 일하고자 하는 사람이 점점 늘어나고 있다.

얼마 전 공기업에서 은퇴한 C 씨(62세)는 중소기업에 재취업했다. 일찌감치 은퇴계획을 세우지 못한 이유도 있고, 온종일 너무 많은 시간을 할 일 없이 보내는 것이 무엇보다 고역이라고 했다. 아직은 힘이 있으니 할 수 있을 때 계속 일을 해야 노후가 조금이라도 더 윤택하지 않을까 하는 기대도 섞여 있다.

경기도에서 건물 청소를 하는 J 씨(65세)는 연금소득과 별개로 일을 계속 하기를 원한다. 고용복지센터에 본인의 이력을 등록해두고 꾸준히 일자리를 구하고 있다고 한다. 무료한 시간을 줄이기도 하고 건강과 재정도 튼튼히 할 수 있으니 적당한 일을 하는 게 행복하다는 그녀의 말에는 에너지가 느껴진다.

이처럼 60세 이상의 고령층 취업자 수가 갈수록 늘어나고 있다. 60세 이상 근로자가 매년 수십만 명씩 늘면서 그 증가세가 가파르다. 이런 현상은 자영업 시장에서도 동일하게 나타나고 있다. 2023년 기준, 60세 이상의 자영업자 수가 200만 명을 넘어섰으며 자영업자 3명 중 1명이 60세 이상으로 가장 큰 비중을 차지한다.

고령자가 재취업과 창업을 선택하는 이유는 미흡한 은퇴 준비로 인한 경제적 부족 때문인 경우가 많다. 공적연금은 현역대비 소득대체율이 30%대 수준에 머물고 개인연금도 부실한 상황이다 보니 소득이 확연히 줄게 된다. 그래서 일자리가 더욱 중요하다. 일 자체를 즐기기 위해서든, 무료한 시간을 달래기 위한 목적이든, 경제적 어려움을 타개하기 위한 현실적인 대안이든 일자리 소득은 삶에 대한 책임감에서 시작된다.

고등교육이 이후 30~40년의 먹거리를 만들어주었다면, 1~2년간의 은퇴 준비가 인생 2막 10~20년을 책임질 일자리를 마련해 준다. 우리는 인생 2막 일자리를 위해 무엇에 주목해야 할까? 인생 2막 일자리에 영향을 주는 요소로는 자격증, 인맥, 기술을 들 수 있다.

국내 최고의 명문대 출신인 H 씨(59세)는 금융권에서 사무직으로 일하다 은퇴했다. 은퇴 후 재취업을 선택한 그는 요즘 전혀 새로운 분야에서 일하고 있다. H 씨는 일찌감치 자격증 준비를 결심했다. 그 결과 은퇴 직후 냉동공조 기능사, 에너지관리 기능사 등의 자격증을 취득했고 바로 대기업 물류센터에 재취업을 한 것이다. 당연히 경제적으로 풍족한 생활을 이어가고 있다.

10년 전, 은퇴한 P 씨(67세)도 자격증을 선택했다. 국내 굴지의 통신사에서 근무했던 P 씨는 소방안전관리자, 소방 기사 등의 자격증을 취득한 후 건축사무소에 일하고 있는데, 인생 2막에서도 경력의 중량감을 갖추고 일한다. 학교 동기들은 은퇴 후의 생활에 대해 여러 가지 어려움을 토로하지만 그는 예외다. 본인이 원한다면 앞으로 10년은 거뜬하다는 생각이다.

 일반적으로 은퇴 후 연봉 3천만 원 이상의 일자리를 찾기란 쉽지 않다. 적어도 3년은 근무해야 그나마 연봉 3천만 원 선을 확보할 수 있을 것이다. 그래서 현역 때와는 다른 자세와 생각이 필요하다. 이전에는 업무를 지시하고 조직을 관리하는 책임자였을지 모르지만 은퇴 후 재취업의 자리에서는 다시 사회 초년생의 마음으로 임해야 한다.
"내가 말이야! 예전에 이랬던 사람이야!"라고 말하고 싶다면 당장 고쳐야 한다. 꼰대가 되고 싶지 않다면, 일자리를 잃고 또다시 구직에 나서고 싶지 않다면, 과거에 집착하는 자세는 결단코 버려야 한다. 어떤 일이든 감사하게 여기고 비록 나이가 어리다고 하더라도 업무 선배에게는 겸손한 자세로 배워야 한다. 혹여 나의 일터에 또 다른 꼰대들이 있더라도 편승하지 말고 오직 당신이 정한 길을 뚜벅뚜벅 걸어가야 한다. 과거의 영광을 내려놓고 새로운 인생에 도전하는 당신은 이미 위대함 그 자체이니 말이다.
 산업인력공단에서는 다양한 자격증 프로그램을 안내하고 있다. 무엇보다 기술을 익히는 자격증 과정이 인기다. 지게차 운전면허, 도배와 장판 기술, 타일 기술, 목공 기술[1], 인테리어 관련 기술, 냉동공조 기술, 전기 기술 등 다양하다. IT 관련 기술을 익힐 수 있다면 이 또한 재취업에 유익한 스펙이 될 것이다.

능력 개발에 필요한 비용에 관해서는 국가가 지원해 주고 있다. 대표적으로 국민 내일 배움카드가 있다. 이는 국민의 생애 직업 능력 개발을 지원할 목적으로 훈련 비용을 지원하는 직업 능력 개발 계좌를 뜻한다. 5년간 300만 원 한도로 지원하고 계좌 한도 소진 후 한도가 추가되는 경우도 있다.[2]

영업 능력도 중요한 기술이다. 어떠한 분야든 고객 창출 능력이 있다면 나이 관계없이 일자리를 구할 수 있다. 심지어 전문 분야도 마찬가지다. 대부분의 사업은 영업을 통해 고객을 창출하기 때문에 중요한 기술이다.

인맥은 일자리를 구하는 데 중요하게 작용하는 또 다른 요소다. 사람을 알아야 일을 맡길 수도 있고, 추천할 수도 있기 때문에 누군가를 아는 것은 일자리를 구하거나 맡기는 데 큰 영향을 미친다. 어찌 보면 자연스럽다. 할 수 있는 역량을 갖추고 있거나, 자격증을 구비하고 있다고 할지라도 신뢰하는 사람이 일자리를 구하거나 소개한다면 일자리 매칭율이 한층 높아진다.

누구를 만나든 모임이 한두 개는 있다. 모임에서는 다양한 사람을 사귈 기회가 주어진다. 평소 타인과 좋은 유대관계를 형성

---

1 목수는 일하는 목적에 따라 3가지 형태가 있다. 인테리어 목수(실내 인테리어 관련 일체의 업무를 수행), 빌더 목수(집 짓는 목수), 형틀 목수(거푸집 등을 만드는 목수)가 있다. 보통 초보 때는 일당 기준 10만 원 수준이며, 경력이 쌓일수록 14만 원, 16만 원, 5년 이상의 수준급 경력자는 20만 원 이상 수준에서 형성되어 있다.
2 추가 지원 대상자는 기간제 근로자, 파견근로자, 일용근로자, 중위소득 60% 이하 해당자 등이다.

해두었다면, 도움이 필요한 시점에 사람이 재산이라는 걸 실감하게 될 것이다. 그것이 인맥이다. 인생 2막, 일자리를 구할 때에도 인맥이 힘을 발휘해 주기도 한다. 은퇴 후의 인생도 짧지 않다. 제법 긴 여생을 풍성하게, 윤택하게 살기 원한다면 일자리는 더더욱 필수다.

스키장 청소를 하는 중견기업 대표 출신도 있고, 은행원 출신이지만 바리스타로 새로운 삶을 개척하려는 은퇴자도 있다. 은퇴 후 일자리를 찾아 적극적으로 노력한 사례들은 어떻게 일자리를 구해야 하는지 알려주는 표본이 된다.

기자 출신인 M 씨는 은퇴 후 어떤 일이든 적극적 태도로 임했다. 현역 때와는 달리 노동 위주의 일자리에도 열린 생각으로 도전했다. 대기업 계열의 케터링 업체에서 주방보조로 하루 10시간 이상 땀 흘리며 일한 경험도 있고, 건설현장[3]에서 이른 아침부터 밤까지 현장을 누비기를 마다하지 않았다. 특정 직업군 출신이니 소위 근사해야 한다는 편견도 버린지 오래다. 땀의 가치를 몸소 실천하며 주어진 모든 일을 소중하게 대하는 그의 태도는 일에 대한 성스러움마저 일깨워주었다.

인생 2막, 다양한 이유로 새로운 직업을 갖게 된다면 여러모

---

[3] 건설현장은 1공수(오전 7시~오후 5시 30분), 1.5공수(~오후 7시 30분), 2공수(~오후 10시)로 나뉘며 1공수 기준 대기업 건설현장에서 일당 15만 원 수준이며, 2공수는 30만 원 전후가 된다.

로 얻는 것들이 있을 것이다. 보다 안정적인 노후의 삶에 대한 감사함은 물론 젊을 때는 느끼지 못했던 일 자체에서 느끼는 또 다른 가치를 경험하는 특별한 기회를 기대한다면 지나친 욕심일까?

5장

든든한 버팀목

부동산 임대 소득

5장

든든한 버팀목
부동산 임대 소득

 시대에 관계없이, 지역과 나라에 관계없이 토지, 주택 등 부동산에 대한 관심은 뜨겁다. 소유욕은 인간의 원초적인 본능이다. 부동산은 소유욕을 자극하는 강력한 대상 중에서도 단연 으뜸이다. 심지어 경제의 생산 3요소 중에도 토지(부동산)가 떡하니 자리를 차지할 정도니 인간에게 부동산은 핵심 관심사임에 틀림없다.
 부동산은 또한 매력적이다. 첫째, 눈을 만족시킨다. 보이는 유형성을 갖고 있어 언제든 확인이 가능하다. 그래서 심리적으로도 안정감을 느끼게 한다.
 둘째, 부동산의 유한성이 더욱 가치를 더한다. 공장에서 생산하는 제품들처럼 대량화가 불가능하고 입지나 위치에 있어서도 유일하다는 매력을 지니고 있다.

셋째, 불변성이다. 부동산은 형태가 변하지 않는다. 천재지변에 의한 심각한 재해를 입은 경우를 제외하면 그 형태가 변하지 않는다. 게다가 개발과 같은 외부적 변화를 거치면 오히려 그 가치가 높아지는 점도 특징이다. 여러모로 부동산은 매력적인 요소를 지닌 존재다.

이러한 부동산의 독특한 특징은 부동산 매입 시 유의해야 할 사항이기도 하다. 특정한 목적을 가지고 부동산을 매입하고자 하지만 잘못된 선택을 하게 되면 오히려 부담만 키울 수 있는 부작용도 있으니 말이다.

부동산은 입지 조건, 주위 환경, 개별 물건의 상태나 기능을 잘 살펴보아야 함은 물론 개인이 온전히 통제권을 행사할 수 있느냐가 중요한 요소다. 간단히 이야기하면 부동산의 변경, 비용 등이 소유권자의 통제권 아래에 있어야 하는데 소유권자가 여럿인 부동산[1]의 경우에는 다양한 어려움이 내재해 있다. 따라서 통제가 비교적 용이한지 위치나 쓰임새가 목적에 부합하는지를 잘 살펴본다면 매력적인 부동산을 어렵지 않게 구할 수 있을 것이다.

무엇보다 노후에도 부동산을 통한 가치 발생, 즉 현금 흐름을 만들 수 있다면 부동산이야말로 노후생활의 든든한 버팀목이 되어줄 것이다.

---

1 예. 지식산업센터, 분양형 호텔 등

신체적, 물리적 한계를 경험하는 노년기에는 시간이 지나갈수록 일자리 소득의 기회도 적어진다. 소득의 또 다른 파이프라인이 필요하지만 막상 쉽지도 않다. 그래서 노후에는 부동산 임대 소득이 더욱 빛을 발하는 소득원이 된다.

한 가지 짚고 넘어가자. 부동산의 가치를 계속 유지하거나 향상하기 위해 부동산 임대 소득도 더 이상 불노(不勞) 소득이라고 생각해서는 안 된다. 오히려 부동산의 가치를 유지하거나 증대하기 위한 관심과 노력이 지속적으로 필요하다.

자본주의라는 큰 용광로에서 변치 않는 불씨와 같은 원칙이 있다면 시장에서 살아남아 있어야 한다는 원칙이다. 치환(置換)해서 표현하자면, 노후시기 꾸준한 경제적 소득을 만들어 내기 위해서는 시장에 남아 있을만한 가치 자산을 소유해야 한다는 의미가 될 것이다.

투자의 현인 워렌 버핏이 말한다. "내가 잘 하는 것은 시장에서 항상 살아남아 있다는 것이다." 부동산도 예외가 아니다. 지속적으로 관심과 노력을 기울여야 살아남는다.

부동산 임대 소득을 기대한다면 무엇이 필요한지 알아보자. 부동산의 종류에 따라 가격은 천차만별이다. 하지만 어떠한 것이 되었든 종잣돈이 있어야 부동산 투자가 시작될 수 있다. 종잣돈을 모을 자신이 없다거나 회의적인 생각이 있다면 부동산 임대 소득은 요원한 불가능의 세계다.

부동산 투자에 또 다른 중요한 요소는 대출이라고 할 수 있는

데, 즉 레버리지[2]를 활용한 부동산 자산을 가지려 해도 종잣돈이 없다면 접근조차 할 수 없다. 설령 갭투자처럼 종잣돈 없이 부동산을 매입했다고 할지라도 이는 외부환경[3]에 따라 언제든 무너질 수 있는 아슬아슬한 모래성에 불과하다. 운 좋은 누군가가 우연히 성공한 사례를 일반화하여 나도 저렇게 할 수 있다고 믿고 덤볐다가는 큰코다치기 십상이다. 결론적으로 부동산 임대 소득을 위해서는 종잣돈이 꼭 필요하다. 규모의 차이는 있을지라도 종잣돈이 가장 중요한 요소라고 할 수 있다. 그렇다면 종잣돈은 어떻게 모을 수 있을까?

40대 홑벌이(외벌이) A 씨는 3인 가족의 가장이다. 20대에 비해 연봉은 3배 늘었지만, 저축은 생각만큼 늘어나지 않아 잔고가 제자리걸음인 것이 고민이라고 했다. 자세히 들여다보니, 월 소득 550만 원, 연중 비정기 소득(수입)은 1500만 원, 연봉이 8천만 원 이상인 직장인이다. 월 저축액이 130만 원이지만 아직 주택 마련은 하지 못해 전셋집에 살고 있다. 아내도 약간의 소득이 있다. 불규칙하긴 하지만 생활비와 자녀 교육비로 사용할 만큼 가계에 보탬이 되고 있다. 그리고 비정기 수입[4]도 연 1500만 원이나 되고 연간 비정기 비용도 700만 원 이상 발생하고 있

---

2 leverage : 지렛대 작용
3 예. 금리변화
4 예. 보너스

다. 그리고 월 고정비와 변동비는 400만 원 가까이 지출되고 있다고 한다.

또 한 명의 가장이 있다. 미국 아이비리그 중 한 대학교에서 박사학위를 받고 서울의 모 사립대학교 교수로 재직 중인 50대 중반의 가장이다. 자녀는 한 명이지만 본인 수입의 상당 부분을 자녀 교육비로 쏟아붓고 있으며 서울 강남에서 전세로 살고 있다. 대학의 정교수로 재직 중이지만 모아 둔 자산은 얼마되지 않고 그냥저냥 살아가고 있다. 물론 자녀가 열심히 공부해 주는 것도 고맙고 공부도 곧잘 하니 교육비를 아낄 수는 없음을 피력한다. 자녀에 대한 기대와 함께 '미래는 어떻게든 되겠지'라는 막연한 생각에 종잣돈을 애써 모아야 할 당위성을 찾아볼 수 없다고 그는 말한다.

한편 여기 또 다른 사례가 있다. 사회생활 6년 차인 여성이다. 사회 초년생 시절 그녀는 주 3~4회 사교모임을 가졌고, SNS를 하며 자신을 과시하기에 여념이 없었다. 반지를 구매하면 SNS에 올리기 위해 네일아트까지 하는 등 불필요한 소비로 일상을 채워갔다. 그런 즐거움을 여러 경로로 과시하며 지내던 중 어느 날, 끝 모를 공허함이 몰려왔고 더 이상 이렇게 지낼 수 없다고 생각한 그녀는 5년 내 1억 모으기 프로젝트를 시작했다. 연봉 2800만 원, 과연 가능할까 싶었지만 일단 목표를 정하고 도전하기로 결단했다.

우선 지출 파악이 먼저다 싶어 지출 내역을 살펴보며 하나둘

씩 줄여나가기 시작했다. 스스로 돌아보며 지출 항목을 고정 항목, 변동 항목, 누수 항목[5]으로 나누어 관리하면서 지출을 급격히 줄여갔다. 이렇게 모은 돈을 유튜브에 공개하면서 부수입까지 생기게 된 그녀. 2년 만에 6천만 원을 모으는 놀라운 저력을 보여주었다. 목표 달성을 하고 난 뒤에도 그녀의 짠 테크는 계속되고 있다. 돈에 대한 마음가짐을 유지하기 위해서라도 계속할 거라는 그녀의 결심이 예사롭지가 않다. 지금도 80%는 저축을 하며 생활하고 있어 빠른 속도로 자산이 늘어가고 있다.

많은 시사점을 던져 주는 사례들이다. 자, 그럼 이 사례들을 본 당신의 생각은 어떠한지 질문 몇 가지를 나열해 보겠다.

- 위 사례들의 차이는 무엇이라 생각하는가?
- 누가 종잣돈을 확실히, 빨리 그리고 많이 모을 수 있다고 생각하는가?
- 위 사례들에서 돈의 대한 그들의 간절함은 서로 어떻게 다른가?
- 이들 중 경제적 자유를 누릴 수 있는 사람은 누구일까?
- 누구에게 더 많은 기회가 있다고 생각하는가?
- 절약을 실천한다고 삶이 바뀌면 얼마나 바뀌겠냐는 회의는 들지 않는가?
- 소비를 줄이면 정말 삶의 질이 떨어질까?
- 자녀 교육비를 조정한다고 해서 자녀의 성적이 떨어질거라 생각하는가?
- 그렇다면 나는, 그냥 살아온 대로 살 것인가? 아니면 미래의 자산과 소득을 위해 낯선 도전을 감행할 것인가?

---

5 홧김 비용-감정에 따른 지출비용, 새는 돈

그렇다면 종잣돈을 모으기 위해 필요한 요소에는 무엇이 있는지 알아보자.

첫째, 현재의 자산을 객관적으로 살펴보아야 한다.

미래 예상 자산이 아닌 현재의 자산을 객관화하는 것이 필요하다. 현실 인식과 함께 자산을 진단함으로써 수년간 모은 자산의 실체를 목도할 수 있다.

이는 지금까지 본인의 종잣돈을 모아오는 습관이나 장단점을 들여다볼 수 있기 때문에 다음 종잣돈 모으기 과정에 좋은 지침으로 사용할 수 있다. 다만, 생각보다 적은 경제적 체력에 실망하거나 이 정도면 괜찮다는 안일한 생각은 금물이다. 그냥 있는 그대로 살펴보는 것이다. 하지만 이는 미래 결과는 다를 것이라는 심연의 기대를 포함하는 출발임을 새겨야 한다.

둘째, 목표 금액을 구체적으로 정해야 한다.

다음 두 가지의 목표 금액 설정 방식 중 어느 것이든 무관하다. 먼저 필요한 금액을 설정한 후 이를 목표 금액으로 일치화하는 것이다. 예를 들어, 특정 부동산 매입 가격을 정하고 현재 가용할 수 있는 자산을 집합화하고 부족 금액을 정한다. 부족 금액 중 대출이 가능한 부분을 제외하고 추가로 필요한 금액을 목표 금액으로 삼을 수 있다.

또 다른 방법은 특정 금액을 목표 금액으로 정할 수 있다. 특정 금액은 상징적 수치(예를 들어 1억 원)이든 경험에 기초하여 개인의 최고 목표치를 설정할 수도 있다.

셋째, 종잣돈 달성을 위한 명확한 기간을 정해야 한다.

예를 들면, 5년에 1억 모으기, 10년에 1억 모으기, 3년에 5천만 원 모으기 등 종잣돈 모으기 기간을 구체적으로 명시화해야 한다. 기간을 정해 둬야 종잣돈 만들기가 성공할 수 있다. 그리고 한 가지 덧붙이자면 기간을 정해두지만 최소 기간에 목표를 달성하겠다는 의지를 불태워야 한다.

넷째, 중간중간 행동 결과물을 계속 점검해야 한다.

중간 과정 중에 작은 성과를 눈으로 확인하거나 수치로 느끼게 된다면 목표가 막연하지 않을 것이다. 또한 지루하거나 지쳐서 중도 포기하는 상황도 예방할 수 있다. 우리는 작은 성과와 성공을 계속 경험해야 장기 목표도 달성하고 큰 성공도 이룰 수 있다. 막연하게 목표만 나열할 경우 실행을 미루거나 아예 시도조차 하지 않고 다양한 핑계로 실패를 예견하며 자기 합리화에 바쁠 것이다.

매년 또는 반기별로 실행 과정을 돌이켜보고, 결과물을 재점검하여 목표 금액까지 지속할 수 있는 최선의 환경을 만들어가는 실행의 지혜가 필요하다. 중간 과정에서 이룬 성과를 들여다보면, 소득과 지출에 대한 야무진 변화를 끌어낼 수 있다.

소득을 높이기 위한 다양한 방법을 고민하게 될 것이고, 불필요한 소비 제한은 물론 소비 시에도 효과를 높이도록 노력하게 되고 그로 인한 소비 효율도 급격히 상승할 것이다.

땀 흘려 모은 자본은 그 자체로 매우 값진 것이다. 인내의 수고가 수반되지 않고는 결코 이룰 수 없는 시간의 미학이다. 그것이 얼마건, 종잣돈을 모으면 몇 가지 변화를 불러오게 된다.

종잣돈 달성에 따른 변화는 무엇보다 재정 성과를 눈으로 확인할 수 있다. 개인의 순(純) 자산이 종잣돈 금액만큼 늘어날 뿐 아니라 이를 활용하여 자산 증가 속도를 배가시키고 있을 것이다. 그리고 투자에 대한 개인 인식이 재조정되어 있을 것이다.

알다시피 자산의 증가는 이차함수 곡선이 우상향하듯이 나타난다. 복리의 효과도 있지만 통화팽창 시기와 만난다면 자산의 급격한 상승을 경험하는 기회를 가질 수 있다. 경제적 변화는 종잣돈으로 취할 수 있는 최소 결과물이다. 이런 경제적 변화, 즉 수고와 인내가 빚어내는 결과물은 누구에게나 열려 있다.

또 다른 변화는 심리적 변화이다. 종잣돈을 모으는 과정 중에 여러 가지 우여곡절을 겪게 된다. 역경 지수를 높이는 기회이기도 하며, 좌고우면(左顧右眄)하지 않고 목표를 향해 추진하면서 마음의 단단함도 쌓을 수 있다. 무엇보다도 목표 금액을 달성하면 경제적 여유와 함께 심리적인 안정감을 꽤 누릴 수 있다.

이런 심리적 안정감을 유지하기 위해 2차, 3차 목표를 새롭게 설정하고 전진할 수 있는 자발성을 가지는 것도 종잣돈 달성에 따른 심리적 변화다.

그와 더불어 전반적인 생활의 변화를 불러온다. 종잣돈을 모으는 과정에서 필연적으로 수반되는 것은 소비의 적절한 통제와 한계 효용[6]을 높이는 생활방식의 진화다. 소득을 늘리기 위한 통찰력이 향상되었다면 그에 맞는 생활방식으로 변화하게 됨은 물론이고, 목표가 진행되는 동안 가졌던 소비패턴을 유지하는 생활의 긍정적 변화를 느낄 수 있다.

예를 들어, 회사에 취업한 지 몇 개월 지나지 않은 신입사원을 가정해 보자. 신입사원이 목표를 어떻게 세우느냐에 따라 향후 누리게 될 경제적 유익은 천양지차(天壤之差)가 될 것이다.

신입사원이 입사 후 자동차 구매를 서두르게 된다면 어떻게 될까? 모든 사람이 알고 있듯이, 신규 자동차 타이어가 아스팔트 냄새를 맡는 순간 자동차 가치는 떨어지기 시작한다. 하락하는 것이 어디 자동차의 가격뿐이랴. 자동차 유지를 위해서 여러 제반이 비용이 필요하다. 보험료, 통행료, 과태료, 주유비, 수리비, 세차비, 교체비[7], 주차비, 마지막으로 빠질 수 없는 세금 등 자동차 구매에 따른 누수 비용은 상당하다.

자동차를 구매하면서 누리는 편리의 역설[8]은 불 보듯 뻔하지만 한번 맛본 자동차 생활은 끊기는 어렵다. 편리에 익숙해진

---

[6] 한계효용이란 소비 단위당 늘어가는 효용(가치)을 의미한다.
[7] 오일교환, 필터교환, 타이어 등 정기적 부품 교체
[8] 편리함은 있으나 본인은 점점 가난해지는 역설(저자의 주)

생활패턴은 갈수록 소비 액수만 키워가는 방향으로 진행되는 경향을 가지는 데, 줄이기는 여간 어려운 일이 아니다.

그렇지만 자동차 구매 시기를 미루고 종잣돈을 모으는 목표를 가진 신입사원이라면 어떨까? 자동차 없이 다니는 생활에 익숙해진다면 신입사원은 또 다른 BMW[9]의 매력에 건강과 경제적 여유도 챙기는 일석이조의 효과를 누릴 수 있다. 이렇게 자산을 모은다면 스노우볼 효과[10]로 시간이 갈수록 자산 축적 효과는 대단하게 나타난다. 심지어 모은 자산의 이자 수준으로 고급 자동차를 소비할 정도의 자산 수준에 도달할지도 모른다.

어떠한 상황이든 적응할 수 있는 생활의 변화를 경험하는 것은 종잣돈을 모으는 과정에서 덤으로 얻어 가는 지혜가 아닐까 싶다.

종잣돈을 모으면 경험하는 마지막 변화는 지식적 변화다. 관심이 자연스럽게 경제 지식으로 기울고, 산업 변화와 투자 대상에 따른 정보를 찾게 되며 관련된 독서도 겸하게 된다. 단순히 은행 예금만 활용한다고 하더라도 말이다. 투자에 대한 개인적 소양과 능력이 종잣돈 모으는 과정에서 쌓여왔음을 확실히 느낄 수 있다.

여하튼 부동산 임대 소득의 기초는 규모의 차이가 있더라도

---

9 Bus, Metro, Walk
10 Snowball 눈덩이

종잣돈에서 출발한다. 기초자산인 종잣돈이 마련되었다면 임대소득 부동산 매입 시 고려해야 할 요소도 점검해야 한다.

대출 가능 금액과 대출금리는 중요한 요소다. 대출 가능액은 현재 보유하고 있는 기초 자산 규모와 함께 부동산 종류, 금융기관별로 약간의 차이는 있다. 무엇보다 레버리지 활용에서 보수적으로 다루어야 하는 중요한 요소가 금리다.

금리는 과거 10년~20년 전후로 변화를 탐색하고 보수적 수준의 금리를 고려하여 이자 감당 수준 여부를 결정하면 된다.

대출 등의 여건을 고려하다 보면 부동산 매입 가격과 자연스레 연결된다. 그러나 생각하는 금액과 매입가(價) 사이 차이가 있더라도 실망할 필요는 없다. 뜻이 있는 곳에 길은 있기 마련이다. 최소한 저자가 경험한 바로는 그랬다.

부동산은 입지 또한 중요하다. 부동산의 특징에서 언급했듯이 변하지 않는 특징이 있으므로 입지가 무엇보다 강조된다. 그리고 접근성이 어떠한지를 고려하고 리모델링 유무 및 매입 후 리모델링의 효용성을 살펴보아야 한다.

현재 임차인들의 특징과 상황이 어떤지도 체크해 보길 권한다. 만약 건물이나 상가라면 1층에 입점해 있는 임차인이 중요하다. 건물이나 상가에서 1층은 앵커[11]의 역할을 하므로 1층 임차의 브랜드나 특징이 어떤지에 따라 부동산의 가치와 상위층

---

11 anchor 닻, 중심을 의미한다.

임차인을 채우는 상황도 달라질 수 있기 때문이다.

주차장의 유무는 중요한 요소다. 임대를 고려한다면 임차인의 입장에서 생각해 보아야 한다. 주차장은 임차인들이 중요하게 보기 때문에 이 문제를 어떻게 해결해 줄 수 있느냐가 관건이 될 수 있다.

또한 부동산 주위 공실률을 파악해 보기 바란다. 염두에 두고 있는 부동산의 공실률도 함께 체크해서 임대의 어려움이 없겠는지 가늠해야 한다. 그리고 부동산에 불법 건축물(위반 건축물)은 없는지 확인이 필요하고 부동산이 용도에 맞게 사용되고 있는지 확인도 꼭 해야 한다. 예를 들어 용도는 공장인데 타 용도로 사용하게 되면 매입 후 곤란을 겪게 된다. 용도에 따라 건폐율 등 쓰임새가 달라지기 때문에 필요시 전문가인 건축사 등과 상담하는 것도 유익하다.

해당 부동산 주위의 분위기도 고려해야 한다. 주위에 사람들이 모이는 앵커 가게가 있는지, 직주 근접[12]의 특징이 있는지, 사무실이 많은지, 아파트가 많은지, 주택가의 분위기와 형태[13]는 어떻게 구성되어 있는지, 도로와 인프라는 잘 구성되어 있는지, 학교나 병원의 구성과 접근성은 어떤지 등 관심 부동산 주위를 주의 깊게 살펴야 한다.

---

12 직장과 주거지 간 거리가 가까운지의 여부
13 단독주택 또는 공동주택

살고 싶은 곳, 일하고 싶은 곳, 사람이 모이는 곳, 주위 환경이 비교적 괜찮은 곳 등이 아무래도 안정적 임대 소득을 기대할 수 있기 때문이다. 만약 주위 개발 호재가 있다면 또 하나의 긍정적 지점이다.

노후에 가장 도움 되는 것이 '평생 현역'이라고 한다. 노후 일자리의 중요성을 강조한 표현으로 은퇴 후에도 최대한 오랫동안 일자리 소득이 필요하다는 뜻이다. 하지만 현실은 어떤가? 일자리로 평생 소득을 거두기는 쉽지 않다. 신체적 한계와 회사 내 압박 등으로 사실상 불가능하다. 그러나 임대 소득은 다르다. 조금의 관심과 노력만 있다면 평생 소득이 가능하다. 노후의 든든한 버팀목이 된다.

J 씨(83세, 여)는 부동산 임대 소득이 주된 수입원이다. 물론 오랜 기간 납입한 국민연금도 있다. 하지만 임대 소득이 차지하는 비중이 훨씬 크다. 알토란 같은 부동산 한곳에서 나오는 소득은 현역에서 일하는 전문직 소득에 버금간다. 나이는 들어가지만, 임대 소득이 있어 경제적 부족함이 전혀 없다. 오히려 자녀들을 꾸준히 챙기는 여유까지 있으니 말이다.

자녀 중 적은 소득으로 형편이 넉넉지 않은 성직자 자녀에 대한 그녀의 마음은 늘 애틋하다. 외국에서 자리 잡고 열심히 살아가는 또 다른 자녀도 통화는 물론 한국 방문을 자주 독려하는 편이다.

J 씨는 수년 전에 남편을 여의었지만 삶의 활력은 여전하다. 봉사활동은 물론이고 종교 활동도 열심히 하면서 비슷한 또래의 친구들과 자주 만나며 시간을 보내고 있다. 식사나 커피값을 자주 내는 편이지만 이 또한 행복하다는 그녀의 목소리에서 지갑이 두둑한 노년의 여유를 한껏 느낄 수 있다.

은퇴까지는 아직 수년이 남았지만, 직장 생활을 하면서 임대 소득의 파이프라인을 마련한 K 씨(52세, 남)는 생활의 여유를 가지고 있다. K 씨는 영업 활동을 하는 동안 성과 위주의 소득을 벌었는데 영업 성과가 꽤 괜찮은 편이었다. 오랜 기간 꾸준히 성과 소득을 창출한 그는 이제 어엿한 건물(빌딩 수준)과 대형 상가를 소유하고 있다.

처음부터 임대 소득이 있었던 것은 아니지만 십수 년 전부터 조금씩 임대 소득에 관한 관심과 계속적 시도를 한 덕분에 오늘에 이르렀다. 이렇게 든든한 현재에 이른 이유로 소득 관리를 잘한 것이 첫째 이유고, 레버리지를 활용해 부채 관리를 잘 해온 덕분이라고 K 씨는 말한다. 마지막으로는 부동산에 관심을 두고 본인만의 원칙을 세운 다음 기회를 만들려고 도전했다는 것이다. 참고로 K 씨의 부동산 자산은 부모님의 상속이나 증여 등 어떤 도움도 없이 순수하게 자신의 힘으로만 이루어냈다고 한다.

월급을 제외한 월 임대 소득은 전문직 의사에 못지않다. 이제 K 씨는 은퇴까지 자산을 잘 관리하면서 자녀의 온전한 독립을 위해 노력하고 있다. 더불어 임차인들의 성공을 기원하면서 진심으로 대하니 서로 간의 신뢰도 두텁다. 건물 관리 노하우가 생긴 것은 보너스다.

많은 동료가 K 씨를 부러워하는 것은 노후 대비를 누구보다도 잘하고 있다고 생각하기 때문이다. 아내가 전업주부임에도 불구하고 연금 맞벌이를 준비하고 있으며 임대 소득은 물론이고 다양한 소득 파이프라인을 준비하고 있기 때문이다. K 씨는 강조한다.

"임대 소득, 누구나 만들 수 있습니다. 꼭 도전하세요. 임대 소득이 당신의 든든한 힘이 되어 줄 겁니다."

그의 말처럼 노후 소득의 한 축으로 임대 소득을 조금씩 준비해 보면 어떨까? 월 300만 원, 월 500만 원의 고지 달성이 불가능한 이야기만은 아닌 듯하니 말이다. 노후에는 든든한 버팀목이 필요하다.

CLOSER THAN
YOU THINK

6장

돈이 돈을 낳는다

금융소득

6장

돈이 돈을 낳는다
금융소득

최근 은퇴자 수가 늘어나면서 연금소득과 함께 배당에 대한 관심이 급격히 높아지고 있다. 한국의 기업가치를 높이기 위한 밸류업 프로그램에서 주주 가치 제고의 중요성을 공공연히 강조하는 것도 배당과 깊이 연관되어 있다.

코로나19 팬데믹을 지나오면서 해외 주식에 대한 직접 투자가 늘어나고 투자 방식[1]을 용이하게 하여 투자 접근의 장벽을 낮추고 기업 투자 정보를 제공하는 등 투자 저변 확대의 노력도 금융 소득에 대한 접근을 편안하게 했다.

금융 소득이란, 소유한 자본을 예·적금이나 기업 및 금융상품에 투자하여 수령하는 이자와 배당 소득을 합산한 것을 뜻한다.

---

1 예. ETF, 리츠 등 다양한 파생상품 등장

일종의 투자 대가로 받는 현금이다. 이자 소득이 노후 소득으로서 특히 관심을 받는 이유는 우선 이자율의 변동은 있으나 원금 보장을 담보로 수령 금액을 예상할 수 있기 때문에 노후 생활의 안정감을 보장받을 수 있다. 또한 연금의 경우처럼 신경을 많이 쓰지 않고도 현금 흐름을 만들 수 있다. 특히 배당은 꾸준히 배당이 나오는 기업이 어디인지 등 몇 가지 사실에 유의하여 투자한다면 노후 소득의 좋은 대안이 될 수 있다.

물론 채권 이자나 배당소득을 챙기려면 금융에 대한 관심이 전제되어야 하고 관련 기업에 대한 사전 정보 파악은 필수다. 노후 자금을 엉뚱한 곳에 투자하지 않도록 조심해야 한다. 당연히 금융 전문가와 상의하겠지만 어디에나 옥석은 있는 법! 복수의 정보를 가지고 객관적 시각을 가지도록 분별의 노력도 필요하다.

배당소득을 기대하며 투자를 시도한다면 무엇보다 투자기업의 기본 체력을 살펴야 한다. 매출액과 산업분석 등을 통해 기업의 영속 및 성장에 대해 파악해야 한다. 과거 오랜 기간의 데이터를 수집하여 살펴보면 투자기업을 객관적 시각으로 판단할 수 있다. 다음으로 기업의 이익[2]은 얼마나 되는지 체크해야 한다. 영업 현금 흐름은 문제가 없는지 살피고 배당을 꾸준히 지급하고 있는지 꼭 확인해야 한다. 즉 배당 연수가 오래될수록

---

2 영업이익과 순이익을 중심으로 살펴보아야 한다.

좋은 투자처다. 그리고 배당성장률은 조금씩 높아지고 있는지 최소한 배당성장률을 낮추지 않는지 살펴보아야 한다.

더불어 배당수익률도 자세히 보아야 한다. 배당수익률은 주가 대비 배당금으로 산정하기 때문에 주가가 하락하면 배당수익률이 높은 듯 보이는 착시현상이 생기기 때문이다. 그러므로 배당수익률을 볼 때 매출이나 영업이익의 추세를 동시에 체크하는 세심함도 필요하다.

배당이라고 함은 주주 권익의 하이라이트인데 배당을 오랜 기간 잘 유지하고 늘리는 기업이라면 주주 친화 정책을 펼치고 있다고 판단할 수 있다. 배당 기업의 투자는 매월 꾸준히 주식을 매입하는 방법을 활용하면 효과적이다. 목돈을 일시에 투자할 수도 있지만 일정 기간별로 조금씩 투자하는 방식이 위험부담을 낮추고 즉시 실행할 수 있는 대안이다.

배당기업 투자 시 체크 사항

- 매출은 지속적으로 성장하고 있는가? ☐
- 순이익은 안정적으로 발생하는가? ☐
- 영업 현금 흐름은 어떤가? ☐
- 장기간 배당을 실시하고 있는가(배당연수)? ☐
- 배당성장률은 어떤가? ☐

채권에 투자하여 이자를 수령하기 원한다면 경제의 기본 지식과 함께 경제 흐름, 산업의 변화 흐름, 투자 채권[3]에 대한 깊은 이해가 있어야 한다. 보통은 금융기관에서 채권 상품을 취급하고 있는데 내용을 꼼꼼히 확인하여 투자해야 한다. 특히 유행하는 상품이라면서 나라별 상품별 채권을 권유한다면 일단 깊이 고려해야 한다. 팬데믹, 전쟁, 세계 경제의 급격한 변화에 따라서 이자보다 원금 손실의 위험도 있으니 말이다. 안정적 상품 위주로 살펴보는 것이 현명한 방법인 경우가 많다.

여러모로 어렵다고 여겨지면 금융기관을 이용한 일반 예·적금을 활용하여 이자를 수령해도 괜찮다. 최근에는 개인종합자산관리계좌(ISA)를 이용하는 이가 늘고 있다. ISA 제도 개편안(2024년)에 의하면, 계좌를 활용하여 매년 4천만 원 한도[4]로 5년간 2억까지 넣어서 이곳저곳에 투자할 수 있는데 금융 소득 연간 5백만 원[5]까지 비과세 혜택을 예고하고 있어 더 유용하게 바뀔 전망이다.

금융 소득은 연간 2천만 원까지 15.4%로 분리과세하지만 이를 초과하여 금융 소득이 발생할 경우 초과분은 금융소득종합과세 대상이다. 즉, 금융 소득 외 다른 소득과 합산하여 세금을 납부해야 한다는 뜻이다. 타 소득과 세금을 고려하여 금융 소득

---

3 선순위 채권인지 후순위 채권인지도 체크하자.
4 일반형 기준, 개편 전에는 매년 2천만 원 한도임
5 개편 전에는 연간 2백만 원

을 발생시켜야 하지만 금융 소득 규모는 아직 미미하다. 특히 대도시 위주로 분포해 있는 금융소득종합과세 대상자는 2021년 기준 전국에 17만 8천여 명 정도 되는데, 이는 국민의 0.3% 수준에 불과하다.

대부분은 금융 소득이 2천만 원에 미치지 못한다. 금융 소득 확대를 위한 노력이 더 요구된다. 소득 포트폴리오는 노후에 특히 필요한데 금융 소득이 유용한 한 축임은 분명하다.

국민연금과 사적연금 이외 금융 소득에서 월 일정 금액을 만들 수 있다면 노후 생활의 안정감은 한층 커지지 않겠는가? 금융 소득의 목적은 노후 안정적 현금 흐름을 만드는 것이기 때문에 이에 맞추어 준비해 보자. 연금과 금융 소득을 결합하여 안정적인 노후 소득을 확보하고자 하는 것이 예비 은퇴자 등에게 워너비(wannabe)가 되고 있다.

이제 세계적 대기업이 된 S 그룹의 계열사 임원으로 일하다가 은퇴한 K 씨(62년생). 그는 기업에서 좋은 성과를 내며 승승장구했다. 그러나 그도 어쩔 수 없는 샐러리맨인 까닭에 언젠가는 회사에서 벗어나야 했다. S 그룹에서 퇴사 후 중견기업의 CEO급으로 옮겼다. 하지만 회사 소유주와 갈등이 있었다. 그러던 중 질병이 찾아왔고 회사로부터 손절당했다.

배신감에 힘들어하는 그에게 아내 O 씨(64년생)가 빛이 되어주었다. 아내 O 씨는 오래전부터 알뜰하게 살림을 꾸리면서 차곡차곡 자산을 관리하고 있었다. 그녀는 오랜 기간 임대 소득과 함께 금융 소득을 창출하고 있었다. 이뿐만이 아니었다. 연금 상품을 준비하고 있어서 머지않아 사적연금도 꽤 수령하도록 준비되어 있었다.

회사 업무에만 몰두하느라 미처 알지 못했던 K 씨는 아내에게 큰 고마움을 느꼈다. 준비 없이 회사로부터 떠나야 했던 만큼 막막하기만 했는데 부담을 덜 수 있었다. 그는 치료와 건강 관리에 집중했고, 2년 만에 다시 일상을 회복하여 사회 구성원의 역할을 제대로 하고 있다.

건강 회복 기간에도 금융자산을 통해 생활비를 충분히 조달할 수 있었다며 안도하는 K 씨의 목소리가 무척 인상적이었다. 본격적인 노후 진입을 앞둔 그는 아내와 함께 여행을 계획하며 들떠있다. 아내의 유비무환(有備無患)이 가져다준 열매가 아닐까 싶다.

67년생 C 씨(여)는 하루하루 생활이 즐겁다. 그녀는 생활비의 상당 부분을 금융 소득에서 마련하고 있다. 주로 배당소득인데, 그 금액이 매월 400~500만 원이다. 은퇴가 얼마 남지 않았다고 하지만 안정적인 배당소득이 있어 그녀의 노후도 한결 가볍게 느껴진다.

C 씨는 모 증권사를 통해 안전한 상품으로 평가된 ETF에 가입하여 배당소득을 얻는다. 일정 비율의 운용 수수료가 있지만, 전문가의 도움을 받아 비교적 안전한 형태로 운용하고 있다고

한다.

　금융 소득의 장점을 느낀 C 씨는 은퇴까지 계속 투자 금액을 조금씩 늘려가고자 한다. 현재 금융 소득과 사업 소득 중에서 배당 소득을 위해 재투자에 더욱 속도를 높이겠다는 계획이다. 그녀는 지인들에게 금융 소득의 장점을 알리는 전도사 역할을 자처한다. C 씨는 노후 생활을 상상해 볼 때 걱정은커녕 오히려 기대된다고 말한다. 배당 소득의 규모가 점차 늘어갈 것을 생각하니, 그녀의 목소리는 더욱 자신감이 묻어난다.

　노후를 위해 지금부터 조금씩 금융 소득을 만들어 가는 것은 어떨까? 목돈이 아니라 매월 일정 금액을 투자하면 수년 내 평생 배당 월급을 만들어 갈 수 있다. 적은 금액이라도 매월 금융 소득을 만들도록 실천해 보라. 언덕을 올라야 태산도 정복할 수 있으니 말이다.

7장

네가 있어 다행이야

이전소득 ;
국가 용돈(기초연금) + 자녀 용돈

7장

네가 있어 다행이야
이전소득 ; 국가 용돈(기초연금) + 자녀 용돈

　이제 더 이상 낯설지 않다. 저출생으로 국가가 위기라는 헤드라인도, 대한민국 노인의 빈곤 상태가 OECD 국가 중 최악이라는 뉴스도, 지금의 중장년 세대가 부모를 모시는 마지막 세대이자 자녀로부터 독립해야 하는 첫 세대가 될 것이라는 예보도 더 이상 새롭지 않다.
　특히 노인 빈곤은 이미 노년층이 체감하고 있는 현안이라 더욱 심각한 사회적 이슈다. 이런 노년층에 일어날 사회적 문제를 예측하여 국가가 오래전에 마련해 놓은 대안이 있다. 바로 기초연금이다.
　연금은 개인이 납입(기여) 해야 받을 수 있음을 기본 원칙으로 설계되어 있다. 개인 준비 여부에 따라 누구는 충분히, 어떤 이는 부족하게 또는 연금이 전혀 없을 수도 있다. 심지어 공적연금도 본인이 가입하고 납입해야 받을 수 있다. 이렇게 기여해야만 받을 수 있다는 의미에서 '기여 연금'이라고도 한다. 즉 연금은 개인의 노력과 금전적 여력이 중요한 요인이 된다.

하지만 노인 빈곤의 사회적 문제를 개인의 형편과 책임에만 맡길 수는 없는 일 아닌가. 그렇게 공동체(정부)의 영역에서 바라보고 도와야 한다는 연금이 있다. 기여하지 않아도 최소한의 생존을 보장해야 한다는 의미에서 비(非) 기여 연금이라고 하고 정부가 오래전 설계하여 도입하였다. 바로 '기초연금'이다.[1]

기초연금은 정부가 지급한다는 의미에서 공적 이전소득이라고도 한다. 이렇듯 공적 이전소득에는 노인 빈곤의 문제를 공동체가 함께 돕자는 목적이 담겨있다. 즉, 공적부조의 특징을 가지고 있다. 그런가 하면 이전소득에는 기초연금 외에 가족들이 부모님 등에게 드리는 용돈도 포함되는데, 이를 사적 이전소득이라고 한다. 현재 기초연금은 노후생활의 최소 생활비로서 중요한 역할을 하고 있다. 특히 경제적 어려움이 큰 노인일수록 기초연금 의존도가 높다. 빈곤 노인의 연평균 가처분 소득이 804만 원[2]이라고 하는 데 소득 중 절반을 기초연금이 기여하고 있다.

고령자의 노후 생활비 마련 방법을 보아도 이전소득의 역할을

---

1 용어는 국민연금의 노령연금과 구분하기 위하여 기초노령연금이라고 명명하였다가 기초연금으로 부르고 있다.
2 정부 사회보장위원회 2024년 발표 자료 기준

짐작할 수 있다.

노인의 생활비 마련 1순위가 바로 기초연금(25.6%)이다. 그 다음으로 일자리 소득(20.5%)이 차지하고 이와 비슷한 수준에서 자식 용돈(19.4%)이 차지하고 있다.[3]

생활비 마련의 45%가 이전소득에 기대고 있으니 비중이 꽤 높다. 무엇보다도 고령 여성 중심으로 생활비 마련 방법을 세분하여 보면 기초연금의 비중만 29.0%나 차지하고 있다. 고령 여성에게 기초연금은 무엇보다 중요한 소득원임을 알 수 있다. 이런 현상이 나타나는 것은 준비가 미흡한 상황에서 노후 생활을 맞이한 것에 기인한다. 남성보다 여성의 준비가 상대적으로 미흡하다는 뜻이기도 하다.

평생을 열심히 일하며 자식 부양하느라 정신없이 살아왔는데, 어느 순간 노인 빈곤이라니 열심히 산 죄밖에 없는데 노후 생활비를 걱정하게 될 줄이야. 그렇지만 이전소득이 있어 얼마나 다행인지 모른다. 네가 있어 참 고마울 따름이다.

지방 소도시에서 생활하는 L 씨(여, 50년생)는 기초연금이 생활에 큰 보탬이 되고 있다고 말한다. 배움의 끈은 짧지만 평생 일을 놓아 본 적 없다는 그녀는 현재 노인 공공 일자리를 통한 근로소득과 함께 기초연금, 유족연금이 주 수입원이다.

---

3 국민 노후보장 패널조사 2021년 재정리

기초연금 33만 원과 노인 공공 일자리 수입 30만 원, 유족연금 20만 원에 자녀가 보내주는 용돈을 보태면 월 100만 원이 조금 넘는 돈으로 한 달을 산다. 평생 검소하게 살아온 터라 100만 원이면 충분히 생활할 수 있고, 남는 돈으로는 손자 손녀 용돈도 주고 이웃을 돕기도 하신단다. L 씨는 기초연금에 대하여 이렇게 말한다.

"기초연금이 있어 나 같은 늙은이가 그나마 먹거리라도 살 수 있어요. 그마저 없었으면 먹고사는 문제로 얼마나 고민이 많았을까 상상이 안 되네요. 우리 같은 노인에게 기초연금은 삶의 버팀목과 같습니다."

1955년생 베이비붐 세대인 G 씨는 10년 전 직장을 떠난 뒤 쪽방촌에서 혼자 살고 있다. 현역일 때는 중산층의 지위를 누리고 있다고 생각했지만 은퇴 후 지금의 삶은 전혀 다르다. 아내와도 헤어진 지 오래다. 노후 대비용으로 평생을 일군 자산인 아파트와 퇴직금은 자녀의 사업 실패로 인해 순식간에 사라졌다. 자녀의 빚 탕감을 위해 내어주고 나니 수중에 남은 게 없다.

G 씨는 요즘 70만 원가량의 국민연금과 기초연금 30만 원으로 생활하고 있다. 빈곤한 노후 생활로 인한 스트레스와 고독감으로 몸과 마음이 힘들지만 그의 고백 속에는 기초연금의 고마움이 묻어 있다.

"자녀의 사업이 어려워지고 난 뒤 우울감에 힘들었습니다. 열심히 일하던 현역 때와는 달리 희망을 찾기도 두려웠습니다. 최소한의 생활조차 막막할 때 주위의 도움으로 기초연금을 접하게 되었습니다. 기초연금을 수령하면서 그래도 살아야겠다는 생각이 들더군요. 그래서 저에게 기초연금은 생명의 동아줄 같아요. 평생 나오는 기초연금이 확실히 힘이 됩니다. 앞으로는 건강에도 관심을 가지려고 합니다."

사적 이전소득의 대표적인 것은 자녀 용돈이다. 지금의 노년 세대는 자녀 용돈을 얼마라도 받고 있지만 미래의 노년 세대에게는 기대하기 어려운 소득일지도 모른다. 현실적으로 자녀의 독립이 만만치 않기 때문이다. 그래서인지 나이 들어도 자녀에게 용돈을 바라지 않는다고 말하는 중년 세대들이 많다. 하지만 현실적으로 자녀의 용돈이 더해지면 노후 생활이 훨씬 풍족해진다. 혹여 용돈을 아껴두었다가 손자손녀에게 다시 건넨다고 할지라도 말이다.

많은 노인에게서 기초연금의 역할과 중요성을 보았다. 이제 기초연금 수령 조건에 대해서도 꼼꼼하게 알아두자.

우선 기초연금의 대상자는 65세 이상의 노인으로 대한민국 국적자여야 한다. 그리고 소득 인정액이 매년 고시되는 '기준액 이하'여야 한다. 단, 직역 연금[4] 수령자는 해당하지 않는다. 기준액은 소득 하위 70% 수준에서 정해지며 매년 조금씩 높아지고 있다. 2024년 기준으로 단독가구는 213만 원이고, 부부 가구는

---

4 공무원 연금, 군인연금 등

340만 8천 원이다.

　법률적 배우자가 있느냐에 따라 단독 가구와 부부 가구로 나뉘는데, 1인당 최대 33만 4천 원 수준에서 기초연금이 지급된다. 부부 가구는 약간의 감액을 하고 부부에게 각각 지급된다.

　눈치챘겠지만 소득 인정액을 어떻게 산정하느냐가 관건이다. 산정 방식은 소득 평가액과 재산의 소득 환산액을 계산하여 합산하는 방식이다. 소득 평가액은 근로소득에서 일정 금액[5]을 감액하고, 일정 비율(70%)로 재조정한 뒤 기타소득[6]을 합산하는 것으로 평가한다.

　재산의 소득 환산액은 일반재산에서 주소지 기준 일정 금액[7]을 차감하고 금융 재산의 2천만 원과 부채를 공제한 뒤, 재산의 소득 환산율을 연 4%로 변환하여 소득 환산액을 구한다. 이런 절차를 거친 뒤 나온 소득 인정액이 가구별로 선정 기준액 이하에 해당하면 기초연금을 수급할 수 있다. 그러나 기초연금 등 이전소득은 자발적 준비와는 무관한 소득이다. 공적 이전소득이 중요한 역할을 하고 있지만 분명 한계점도 있다. 그래서일까? 앞으로 지급 기준이 더욱 강화될 여지도 있다.

5　110만 원, 24년 현재
6　사업소득, 이자소득 및 연금소득 등
7　특별시와 광역시는 1억 3천5백만 원, 농어촌은 7천5백만 원 등

〈기초연금 수급 조건〉

■ 대상자

(1) 대한민국 국적자 & 만 65세 이상 국내 거주자
(2) 소득 인정액이 선정 기준액 이하인 경우
(3) 직역연금 수급자는 해당사항 없음(단, 퇴직일시금 등은 해당).

■ 선정 기준액

구 분	단독 가구	부부 가구
선정기준액(원)	2,130,000	3,408,000

* 24년 1월~24년 12월 : 334,810원

■ 소득 인정액 산정

> 소득 인정액 = ① 소득 평가액 + ② 재산의 소득 환산액

① **소득 평가액** = {0.7×(근로소득−110만)} + 기타소득
  기타소득 : 사업소득, 재산소득, 공적이전소득, 무료임차소득

- **사업소득** : 임대 소득 + 기타사업소득(제조업, 도소매업, 농어업임업, 기타 사업 등)
- **재산소득** : 이자소득 + 연금소득(민간 연금보험, 연금저축 등에 의한 정기적 발생 소득의 합)
- **공적이전소득** : 국민연금 / 공무원연금 / 군인연금 / 사학연금 / 산재급여 등의 법령에 의해 정기 지급되는 연금, 급여, 수당, 금품 등
- **무료임차소득** : 자녀 소유의 주택에 무료 임차 시 임차료 상응하는 금액을 소득으로 인정, 시가 6억 이상 연0.78% 적용

📋 소득액 산정 사례

(1) 단독 가구 : 월 근로소득 200만 원, 월 국민연금 30만 원
 산식 = 0.7×(200-110) + 30 = 93만 원
(2) 부부 가구 : 본인 근로소득 월 300만, 국민연금 월 70만 / 배우자 근로소득 월 150만
 산식 = {0.7×(300-110) + 70} + {0.7×(150-110)} = 203 + 28 = 231만 원

② **재산의 월 소득 환산액** = [{(일반재산액 − 기본재산액) + (금융재산 − 2천만) − 부채}×0.04 ÷ 12개월 + {고급 자동차 및 회원권의 가액}×0.04]

↳ 재산의 소득환산율 연 4%임.

💰 기본재산액

(1) 특별시, 광역시의 구군, 특례시 : 1억 3,500만
(2) 중소도시(특별자치도/도의 시, 세종시) : 8,500만
(3) 농어촌(특별자치도/도의 군) : 7,500만

🚗 자동차

차량가액 4천만 이상의 승용차, 승합차, 이륜차 경우 기본재산 공제에서 제외 월 100% 적용. 단, 차량이 10년 이상, 차량 운행 불가(압류 등), 생업에 필요한 차량 시 일반재산으로 산정

 필요한 만큼 무한정 지급할 수 없다는 재정적 한계가 존재한다. 모든 금액이 세금으로 지급되기 때문에 정부 예산에 영향을 주기 때문에 어려움이 있는 것이다. 공적 이전소득은 결국에는 최소한의 삶에 필요한 생계 보완책으로 제공하는 것으로 그 역할은 제한되기 때문에 이전소득에만 전적으로 의지하는 것은 바람직한 자세가 아니다. 이런 한계점에도 불구하고, 이전소득이

있다는 사실만으로 다행이라 여기는 노인이 적지 않다. 오히려 날로 증가하고 있다.

국민노후보장 패널조사(국민연금공단) 2021년 기준
연령별, 성별 경제적 노후생활비 마련 방법(노후시기, 50대~) 자료 참조

● 고령자 노후생활비 마련방법

1순위 : 기초연금(25.6%)
2순위 : 근로활동(9.5%), 배우자소득(11.0%) 부부 중 일자리 소득 (계 20.5%)
3순위 : 자식 용돈(친척 등) 19.4%
4순위 : 본인 및 배우자 국민연금 15.2%
5순위 : 일반 예적금 10.2%

● 이 중 여성의 경우

1순위 : 기초연금 29.0%
2순위 : 배우자소득 15.4%, 근로활동 5.9%
3순위 : 자녀용돈 22.6%
4순위 : 본인 및 배우자 국민연금 10.4%
5순위 : 일반예적금 9.4%

8장

마음 맞는 누군가와 함께

사업승계 소득

8장

마음 맞는 누군가와 함께
사업승계 소득[1]

전 세계적으로 가족 기업이 차지하는 비율이 높은 편이다. 미국을 제외한 선진국에서는 대체로 70% 이상을 차지하고, 우리나라의 가족 기업 비율도 70% 선을 유지한다. 어느 나라를 막론하고 가족 기업이 미치는 경제적 역할이 상당하다고 볼 수 있다. 신규 직업 창출의 78%까지 가족 기업이 차지한다는 주장도 있으니 국가 산업의 중추적 역할을 하고 있다는 사실을 부인할 수 없을 것이다.[2]

가족기업이 제대로 된 역할을 감당하기까지 창업자는 여러 우여곡절을 겪는다. 대단한 성과 이면에서 창업자가 갖은 고생을

---

1 사업승계 소득이란, 은퇴 후 창업하는 것이 아니라 현역 시기 창업이나 승계받은 사업을 다음 세대가 사업을 이어가면서 생기는 소득을 의미한다.
2 Shanker and Astrachan, 1996

극복하고 오랜 세월을 견디며 오늘에 이르렀음을 생각해 볼 때 창업자 세대에게 어떤 보상이 어울릴까?

　노후 생활자들 사이에서 부러움의 대상이 되는 사람은 어떤 사람일까? 젊은 시절 사업을 잘 일군 뒤 노년에는 자녀나 가족이 창업자의 뜻에 공감하여 함께 사업을 지속시키는 사업가들이 있다. 창업자나 회사 대표가 기업의 노하우인 기술 및 고객, 사업모델 등을 다음 세대에 코칭 하면서 노후를 여유롭게 지내는 경우 모두의 부러움을 한몸에 받을 것이다. 회사에서 급여를 수령하기 때문에 말 그대로 평생 현역의 완결판 사례와 같다. 이런 경우의 퇴직은 대부분 사망 시에 이루어지는 자연 퇴직이 많다.

　이렇듯 사업승계 소득은 노후 대비 최상의 대안이다. 승계의 개념이 중요하다 보니 창업자와 뜻을 같이하는 다음 세대가 있느냐가 핵심이다. 대기업이나 중견기업은 사업의 지속성이 어느 정도 담보된 상태인 경우가 대부분이기 때문에 사업을 물려받고자 하는 다음 세대는 넘친다. 오히려 다음 세대 사이에 분쟁이 다반사인 것이 골치다.

　그러나 우리나라 산업의 대부분을 차지하는 중소기업은 어떨까? 사업 분야가 다음 세대에 매력적이거나 사업 환경이 좋은 경우가 아니면 사업승계 후보자를 찾는 게 쉽지 않다. 그런데도 창업자 세대가 잘 일구어 놓은 자산을 다음 세대에서 잘 승계한다면 금상첨화다.

사업을 지속하게 된다면 기업의 사회적 책임을 수행하는 것은 물론, 사업주 개인 차원에서는 풍족한 노후를 보낼 수 있고 평생 수고의 보상을 받을 수 있다. 이것이 사업승계 소득의 가장 큰 장점이다.

직원 수가 10명이 채 되지 않는 S 산업은 창업한 지 30년 되는 기업이다. S 산업은 전기 모노레일 전문 업체로 기술력을 인정받고 있는 회사다. 창업자는 젊은 시절 고군분투하며 공장 모노레일 산업에서 살아남았다. 열정을 다해 영업 현장을 바쁘게 다니며 오로지 성실과 패기로 수주를 따냈다. 그리고 수주한 일에 대해서는 빈틈없이 수행해 냈다. 한 번 잡은 고객을 놓치지 않기 위한 최선의 몸부림이었다. 그 덕에 지금도 기존 고객과의 신뢰가 회사를 지속시키는 원동력이 되고 있다.

현재 S산업은 창업주의 자녀가 회사의 중추 역할을 하고 있다. 고무적인 것은 자녀가 회사의 핵심 멤버들과 좋은 관계를 유지함은 물론 현장 작업에도 적극적으로 참여하고 있다.

그러다 보니 S 산업의 P 대표(50년생, 남)는 든든한 다음 세대로 인해 행복하다. 어려움을 묵묵히 감내해 주는 자녀와 회사 직원들이 있기 때문이다. 규모는 크지 않지만 회사의 지속성에 큰 문제가 없어 보인다. 그래서일까 P 대표의 노후는 무척이나 인상적이다. 본인의 취미 생활은 물론 젊은 시절 충실하지 못했던 가정에도 지극정성이다.

P 대표는 노후 소득과 관련해 고민한 적이 없다. 회사의 급여가 노후를 보내기에 넘치는 수준이니 말이다. 사업승계 소득이 부러운 대상인 이유다.

사업승계 소득의 또 다른 예가 있다.
주로 조선기자재 산업의 마무리 공정인 표면처리용 페인트를 유통하는 업체의 대표 A 씨(57년생)다. 대학 졸업 후 대기업에서 일하던 A 씨는 직장 생활을 그만두고 직접 유통 업체를 창업했다. 여러 사람의 관심과 도움으로 조금씩 사업의 기반을 잡았고 제법 튼튼하게 기업을 키웠다. 세월이 흘러 자녀가 든든한 후원군으로 회사에 들어왔고 이제 경영에 참여하고 있다. 자녀도 관련 대기업군에서 일하다가 퇴사한 터라 업무의 연속성에 어려움이 없다. 애초부터 사업승계를 고려하여 관련 대기업에서 경험을 쌓은 것이 주효했다.
창업자인 A 씨가 고객 관리와 회사의 큰 전략적 의사결정을 하고 있으나 추후 이마저도 자녀에게 업무를 넘길 계획이다. A 씨는 영업의 핵심 사항은 물론 경영의 주요 의사결정까지 자녀와 함께 고민하고 있다.
창업자 A 씨는 성품이 온화한 편으로 자연을 벗 삼아 소일거리를 즐기는 편이다. 자연의 작은 변화에도 의미를 찾고 소소한 행복을 표현할 때면 시인 같기도 하다. 그의 노년 생활은 예상하기 어렵지 않다. 최소한 노후 생활비로 걱정할 일은 없어 보인다.

 자영업을 하면서 사업승계 소득을 이루는 경우도 허다하다. 한국인들은 면(noodle) 사랑이 유별나다. 면을 보면 군침이 돌고 특히 국물을 마실 때 느끼는 미각의 행복감은 과도한 탄수화물에 대한 걱정조차 잊게 한다.

 C 여사(84세)는 오래전 칼국수 장사를 시작했다. 손님들에게 저렴한 가격으로 한 끼를 대접할 수 있다는 생각도 한몫했다. 어느덧 사업을 한지도 40년을 훌쩍 넘어버렸다. 지금은 자녀가 동네 장사를 이어받았다. 국물을 우려내는 기술과 양념 비법에 대한 전수는 물론 고객을 대하는 마음가짐까지 중요한 가르침으로 전달했다.

 언제나 문전성시를 이루는 가게 앞 풍경은 이웃의 한 끼를 해결해 주고자 시작한 C 여사의 결과물이다. 수고하여 이어 온 결실은 그녀의 풍족한 노후 생활로 이어지고 있다. 사업승계 소득은 멀리 있지 않다.

 사업승계는 유익한 면이 여럿 있다. 일차적으로 창업자 세대의 안정적 생활을 가능하게 한다. 그리고 회사 존속이 근로자의 고용 등 사회적 책임을 다할 뿐 아니라 국가 경제의 허리 역할을 한다는 유익도 빠뜨릴 수 없다. 그뿐만 아니라 사업승계 당사자들은 승계에 따른 세금 효과가 상당하다.

 사업승계 증여나 상속에 있어 많은 혜택이 주어진다. 증여나 상속 등 구체적 실현 방법은 당사자의 개별적 상황에 따라 다르게 적용할 수 있다.

예를 들어 가업상속 공제 제도는 갈수록 중소기업에 유리하게 변경되고 있는데, 특정 조건[3]을 만족할 경우 최소 300억 원부터 최대 600억 원[4]까지 공제해 준다. 이를 납부해야 할 세액으로 따진다면 280억 원 이상을 공제해 주는 것과 동일하다. 얼마나 놀라운 혜택인가? 아무쪼록 사업승계는 국가, 종업원, 그리고 승계 당사자 모두에게 유익한 방법임은 분명하다.

다음 세대의 안정적 생활이 가능한 것도 물론이다. 사업승계가 다음 세대의 지속 가능성을 전제로 하는 것이기에 차세대의 경제적 안정뿐 아니라 심리적 안정감, 성장에 대한 도전도 함께 제공한다. 이렇듯 여러 측면에서 사업승계는 유익하다.

오래 지속되는 기업에서 사업승계가 잘 나타나는 경향이 있다. 오랜 기간 사업을 영위하는 기업을 보통 장수기업이라 한다. 그렇다면 사업승계를 잘하기 위해 장수기업의 특징을 들여다보는 것도 도움이 될 것이다. 사업승계 소득을 염두에 두고 있다면 장수기업의 특징이 좋은 길잡이가 될 것이다.

장수기업 특징을 살펴보면 첫째, 기술 또는 서비스에 핵심 역량을 가지고 있다. 한 우물, 특정 영역에서 강점을 가지고 있다.

---

3 피상속인이 10년 이상 경영
4 순자산 기준(부채 제외)으로 30년 이상 경영 조건

둘째, 사람을 우선 가치로 여기며 서로 간의 신뢰관계를 구축하고 있다. 셋째, 위기에 노출된다고 하더라도 창업자 또는 최고경영자(위기관리 책임자)의 관심도가 높고 의지가 확고해서 위기 대처능력이 강하다. 넷째, 과거에 머무르지 않고 미래 지향성을 갖추고 있다. 당장의 이익에 급급하지 않고 멀리 바라보는 장기적 안목을 갖고 있는 것이다. 다섯째, 시장 곧 소비자에 민감하게 반응하고 그들의 욕구를 만족시키는 일에 집중한다. 시장과 소비자 트렌드는 끊임없이 변화하기 때문에 고객의 필요에 창의적으로 반응하는 집중력이 중요하다. 이를 위해 연구개발에도 지속적인 관심을 두어야 한다.

무엇보다도 장수기업의 중요한 특징은 최고경영자와 밀접한 연관성이 있다. 최고 책임자로서 기업의 모든 경영 활동을 위한 의사결정의 정점에 있기 때문이다. 최고경영자의 경쟁력이 기업의 경쟁력과 관련 있기에 최고경영자 선발, 육성, 검증의 체계적 시스템과 프로그램을 갖추어야 한다. 사업승계 소득의 중요한 관건은 사업을 이어갈 사람을 선정하는 것이다.

앞서 S 산업 사례 등에서 알 수 있듯이 사업을 이어가는 다음 세대가 있기에 노후가 한층 여유롭고 행복한 삶을 지속할 수 있는 것이다.

S 산업의 P 부장(81년생)은 작업 현장에서 현장 근로자들과 함께 호흡을 맞추고 있다. 매일매일 노동의 땀을 흘리고 있는 P

부장은 소위 말하는 창업 2세다. 그는 대학 졸업 후 바로 부친을 돕기 시작했다. 수년째 힘든 일을 묵묵히 담당하고 있는 P부장은 사업승계를 하고자 하는 이유에 대해 다음과 같이 말한다.

"대학 졸업할 즈음 아버지 회사에서 퇴사한 직원이 경쟁업체가 되어 고객사를 뺏어가기 시작했어요. 아버지는 의지할 사람 없이 혼자 고군분투하고 계셨고요. 저라도 아버지를 돕고 싶어서 가업(家業)에 뛰어들었습니다. 현장에서 일하면서 아버지의 고충을 조금이나마 이해하게 되었습니다. 회사를 지켜야 직원들과 아버지의 생활에 도움이 되겠다는 책임감과 의무감이 소리 없이 생겨났습니다. 이것이 사업을 이어야겠다는 이유라고 말씀드릴 수 있습니다."

지방에서 오랫동안 청과물 도매를 해오던 B 씨(55년생, 여)는 얼마 전 건강에 이상을 느꼈다. 예전에 비해 몸을 움직이는 게 쉽지 않았다. 서울에 살던 하나뿐인 딸이 이 사실을 알게 되었고, 남편과 상의해서 엄마의 사업을 이어받기로 했다.

B 씨는 딸에 대해 고마운 마음이 이만저만이 아니었다. 서울 생활을 정리하고 가족 모두가 지방으로 옮기기가 쉽지 않았을 텐데 어려운 결정을 해준 딸과 사위가 그저 고마울 따름이다.

사위인 K 씨는 서울 직장을 정리하고 지금은 장모 B 씨의 사업에서 핵심 역할을 성실히 수행하고 있다. 처음 해보는 일이지만 직접 부딪혀가며 업무를 익히고 있다. 사위와 딸이 어렵고 고된 일에도 불평 없이 나서는 모습을 보며 위안을 얻고 있는 B 씨는 건강을 돌보는 일에 더욱 집중하고 있다. 그리고 자연스럽게 노후 생활을 맞이했다. 그녀의 얼굴에서 평안함을 엿볼 수 있다.

중소기업은 일이 닥치는 대로 자기 일처럼 해줄 누군가가 필요하다. 결국 사람이다. 하지만 속 시원하게 해줄 누군가를 찾기란 그리 쉬운 일이 아니다. 가족이나 특수 관계인을 제외하고 말이다.

자녀 세대의 의사결정으로 사업에 참여하든, 억지로 회사 일에 관여하게 되든 대안이 없어서 창업자의 요청에 응하든 이유는 상관없다. 중요한 것은 사업을 승계한다는 그 자체이다. 승계를 한다면 창업자는 노후 고민을 한결 덜게 된다.

사업승계 소득은 노후를 준비하는 매력적인 길 중 하나임이 틀림없다. 사업의 크기나 형태가 어떠하든 가진 재능을 활용할 방법을 작게라도 찾아보라. 작은 성취라도 이룰 수 있다면 사업승계 소득을 꿈꾸어도 되지 않을까?

9장

기대하지 않았는데⋯
이렇게 될 줄 몰랐어

지식재산 소득

9장

기대하지 않았는데…
이렇게 될 줄 몰랐어
지식 재산 소득

잠자는 동안에 돈을 만들어 내지 못하면
당신은 죽을 때까지 일에서 벗어날 수 없다
If you don't find a way to make money while you
sleep, you will work until you die.
— 워렌 버핏 Warren Buffett —

우리는 노동이나 서비스를 제공하여 소득을 만든다. 많은 사람에게 노동과 서비스가 유일한 소득원이거나 소득 원천의 주요 요소일 것이다. 하지만 노동이나 서비스가 시장에서 유효하기 어려운 시간이 다가온다.

자본력을 갖춘 사람은 그 자본을 통해 현금 흐름을 계속 만들어 낼 수 있다. 단, 그만한 자본력을 갖추기가 쉽지 않다. 그렇다면 다른 대안은 없을까? 결론부터 말하자면 노동, 서비스, 자본 이외의 소득을 창출하는 대안이란 다름 아닌 지식이다.

우리는 이를 지식 재산 또는 지적 자산[1]으로 부르는데, 개인이 구성하거나 만든 서적 등의 저작물, 예술 작품, 상표권, 콘텐츠나 자료, 기술력, 아이디어 삽입 제품 등이 이에 해당한다. 개인이 만든 발명품 등에 지적 권한을 인정하고 있다.

지식 재산의 경우 재산권 등록 후 더 이상 노동이 요구되지 않는 경우가 있으나 노력은 필요하다. 그리고 지식 재산에 대한 수요가 있어야 소득이 발생한다.

그렇다면 지식 재산은 어떻게 형성되는가? 소득을 창출하는 지식 재산이 되기 위해서 여러 요소를 갖추어야 한다.

먼저 확대 가능성이다. 지식 재산이 수요자에게 쉽게 도달할 수 있어야 하고, 확대 재생산할 수 있는 특징을 가지고 있어야 한다. 이를 위해 수요자에게 닿을 수 있는 채널이 있어야 하는데 최대한 쉽게 접근할 수 있어야 한다. 이는 SNS나 각종 플랫폼 제공 업체 등을 통해 얼마든지 만들 수 있다.

다음으로 시장성이 있어야 한다. 지식 재산도 경제 원리를 따른다. 소득을 만들어 낸다는 개념이 경제 개념이기 때문이다. 시장성, 즉 소비자가 있어야 지식 재산이 돈을 벌어 준다.

그리고 제대로 된 지식 재산이 되기까지 시간, 노력, 돈 등이

---

1 Intellectual Property, 특허 등

필요하다. 처음부터 지식 재산이 돈을 벌어주는 만능열쇠가 되지 않을 수 있다. 노력과 땀의 수고, 시간과 돈의 투자가 더해져야만 시장성과 확대 가능성을 갖춘 콘텐츠, 기술, 상표권 등의 지식 재산을 창출할 수 있다.

이런 관점에서 보면 지식 재산도 상당한 에너지를 집중해야만 추후 소득을 거둘 수 있다. 노동력 없이 소득을 거둘 수 있는 게 지식 재산이라고 하지만 시간, 노력, 투자가 없다면 의미 있는 소득을 기대하기 어려운 게 현실이다.

오랜 기간 종교 역사를 연구하며 학계에 영향을 끼쳐온 L 교수(53년생)는 그동안 틈틈이 출판한 역사 서적이 여러 권이다. 지금은 은퇴했지만 저작권 소득이 있고 저작물로 인한 강의 요청과 방송의 전문 패널 출연 요청 등으로 바쁘게 지내고 있다. 평소에 꾸준히 써둔 글과 출판물로 인해 은퇴 후가 더 바쁘다며 L 교수는 행복한 고민을 털어놓는다.

최근 의류 시장에 하나의 흐름 중 하나가 커스터마이즈[2] 된 제품을 만들어 자기만의 브랜드로 시장에 내보내는 사례가 많다. Y 씨(70년생) 역시 그런 경우다. Y 씨는 특정 음악을 좋아하는 사람들의 구미에 맞는 한정된 제품(의류, 소품 등)을 창조하고 있다. 개인의 느낌을 의류나 각종 소품 등에 구현하는데 소비자들이

---

2 customize : 특정 소비자의 기호에 따라 개별 맞춤화된 서비스

그 제품을 무척이나 좋아한다.

Y씨는 개인이지만 아이디어의 적용 범위를 넓히는 방식으로 지적 재산을 강화하고 있다. 창작 제품이 다양하게 늘어나고, 개인 브랜드가 강화되는 모습을 볼 때, Y씨는 지식 재산을 계속 쌓아가고 있다. 노후에도 창작 활동을 하겠다는 그에게 은퇴란 남의 이야기다.

R씨(71년생)는 기술 엔지니어다. 그는 개인 시간을 활용해 짬짬이 그가 아이디어를 내어 구현한 기술을 특허등록하는 괴력(?)을 보여주고 있다. 얼마 전 갖고 있던 특허 기술을 한 업체에 매각했다. 꽤 큰 금액(수천만 원)이었다.

R씨는 지식 재산을 활용해 만든 소득을 노후 자금으로 활용하겠다고 계획하고 있었던 터라 지금도 기술 특허에 관심을 두고 기술 연구에 개인 시간을 투자하고 있다. 조만간 새로 등록할 특허 기술 아이디어를 여러 건 갖고 있다며 뿌듯한 기분을 감추지 못하는 그를 볼 때, 지식 재산의 효용이 대단함을 실감한다.

레이철 리처즈(Rachel Richards)는 젊은 나이에 은퇴한 금융인이자 기업인이다. 그녀는 언제든 은퇴해도 될 만큼 월 현금 흐름을 만들어두었다. 매월 발생하는 소득 중 책 출간으로 얻는 소득이 임대 소득 포함하여 1만 달러 이상이다.

책을 쓰고자 하는 단순한 바람으로 시작하여 책 구성을 조금씩 완성해 갔다. 처음에는 어려움이 있었지만 책을 여러 권 저술한 작가의 인터뷰나 책 주제 관련 내용을 조금씩 수집하는 식으로 내용을 쌓아갔다.

큰 기대 없이 출간한 책이 나름 좋은 반응을 받게 되고 심지어 강의로 이어지는 계기도 만들어주었다. 물론 여러 가지 난관도 있었지만 지식을 조금씩 쌓아가는 것으로 지식 재산을 만들어 낸 레이철은 출간하는 책이 계속 늘어가는 선순환의 구조를 만들어 내고 있다.

한 가지 기억해야 할 것은 반드시 본인만의 창작물이 아니어도 지식 재산 소득을 만들 수 있다는 사실이다.

은퇴를 앞둔 J 씨는 현재 직장에서 영업을 담당하고 있다. 국내 영업뿐 아니라 해외 영업도 그의 업무다. 특히 J 씨의 업무는 공개되어 있는 특허 기술을 일부 응용 및 변환하여 회사의 매출과 연결하는 작업이다. 이 과정에서 주목해야 할 부분은 그가 이미 공개된 기존 특허를 본인이 응용, 적용하여 발생한 매출액을 기준으로 일정 비율만큼 지식 소득을 받기로 회사와 협약해 두었다는 사실이다.

곧 은퇴를 앞두고 있지만 이와 관련한 매출은 계속 이어질 예정이고 그 금액이 웬만한 연금보다 많다는 사실은 시사하는 바가 크다. 주위에 있는 여러 지식이나 기술도 그냥 흘려보내지 말고, 당신의 것으로 만들 수 있는지 찬찬히 들여다볼 일이다.

지식 재산 소득은 평소 관심 사항이나 꾸준히 하는 활동, 자료를 축적하는 행위, 경험을 특화하여 책이나 콘텐츠로 만드는 작업, 이미지 한 장 구성에 공을 들이는 창작 작업 등 다양한 방법을 통해 만들 수 있다. 결국 좋아하거나 작은 것에도 관심을 들이고, 시간을 들여 연구하는 영역에서 나올 수 있는 소득이다. 당신의 관심거리와 재미있는 내용에 몰두해 보라. 기대하지 않았는데 노후에 뜻밖의 소득이 생길 수도 있다.

지식 재산은 축적되는 시간과 아이디어에서 나오는 경우가 많으니 지금부터 차곡차곡 쌓아보기를 권한다. 노후에 이만한 효자도 없을 듯싶다.

**CLOSER THAN
YOU THINK**

10장

시간이 지나니 가치도 다르다

양도소득

10장

시간이 지나니 가치도 다르다
양도소득

대기업 계열사 사장 출신인 Y 씨(남, 46년생). 그가 대기업에 다니던 시절, 직원 중에 유명 대학교 미술학 전공자가 있었다. Y 씨는 그 직원과 미술 관련 주제로 대화하는 걸 좋아했고, 덕분에 미술계의 다양한 정보와 지식을 전해 들을 기회가 많았다.

미술계의 흐름과 변화를 꾸준히 접하던 중 미술품 구매에도 관심을 갖게 되었고, 해당 직원으로부터 구매하면 좋을 만한 미술품을 추천받았다. 이를테면, 지금은 저평가되어 있으나 추후 미술계에서 남다른 가치를 인정받을 수 있을 만한 젊은 작가와 중견 작가의 작품들이었다. 한 작품 두 작품 구매하다 보니, Y 씨가 퇴직 전까지 수집한 미술작품이 제법 많이 모였다. 게다가 그가 사모은 작품들의 가치가 오르기 시작했다.

이른바 아트테크 덕분에 Y 씨에게 노후 경제적 걱정이라는 말은 먼 나라 이야기다. 미술 작품 일부를 팔아 고급 자동차를 구입할 정도가 되었으니 노후에 오히려 여유가 넘친다고 한다. 관심을 가지고 꾸준히 모은 작품들이 노후에 큰 보탬이 된다니 직원의 이야기도 흘려듣지 않은 그의 섬세함과 혜안이 돋보인다.

남편이 화가였던 P 씨(57년생)는 오래전 미망인이 되었다. 하지만 그녀는 남편의 작품을 처분하지 않고, 최선을 다해 관리하면서 전시회를 개최하는 등 남편의 작품을 보다 많은 사람에게 알리는 일에 열심을 냈다. 그녀의 남편 작품은 미술을 잘 모르는 사람들이 봐도 가히 걸작임을 알 수 있을 만큼 훌륭한 작품들이 많았고, 작가 사후에 작품의 가치가 높아지는 것을 경험했다.

P 씨는 남편의 작품 일부를 양도한 소득을 가지고 노후생활에 보태기도 하고 지속적인 작품 관리에도 사용하고 있다. 그녀를 보면 삶의 여백이 느껴진다. 남편이 남긴 예술 작품에 책임감도 귀해 보이지만 그녀의 노후를 위해 남긴 듯한 남편의 유산이 가치있게 사용될 수 있다는 생각에 한층 여유로운 삶을 누리게 하는 것 같다.

무언가를 사고팔 때, 자산의 가치(가격) 변동에 의한 차익 또는 물건을 양도하여 발생하는 소득을 '양도소득'이라고 한다. 또는 '자본이득'이라고도 일컫는다. 자본자산의 가치 상승에 따라 얻는 소유 이익을 말하는 것이다. 어떠한 형태의 자산이든 양도할 때 이익이 남는다면 양도소득이 있다는 의미다.

양도소득의 자산 형태는 보통 부동산이나 주식, 파생상품, 실물자산[1] 등이 대표적이고 영업권 및 특정시설물 이용권[2]과 예술작품이 있으며, 가상화폐와 한정판 물품 등의 자산도 양도소득을 가져주는 경우가 종종 있다.

무엇보다도 노후에 양도소득을 발생시키는 대표적인 자산 형태는 부동산이다. 한국인의 자산 보유의 상당한 비율이 부동산이기도 하다.[3] 그런데 최근에는 부동산 외에 예술 작품 거래도 활발히 일어나고 있다.

부산에 사는 K 씨(남, 73세)는 개인 사업과 자영업 등을 거친 후 현역에서 은퇴했다. 은퇴 후 그는 부동산 매매를 하면서 삶을 꾸리고 있다. 공인중개사는 아니지만 개인의 경험과 주위 사례를 참고삼아 공장 등 부동산 양도차익 거래를 통해 노후 생활비를 조달한다. 부동산의 경우 거래가 자주 일어나지 않기 때문에 신중하게 하되 개인의 목표 수익률 근처에 이르면 과감하게 양도한다. 그는 부동산을 매입한 후 리모델링과 관리 등을 통한 가치 상승을 창출하고자 노력한다. 이 과정에서 충분한 시간을

---

1 예. 금, 은 등과 구리 등 광물 해당
2 회원권 등
3 자산 형태 중 부동산을 포함한 비금융자산 비율이 64% 차지 – 2024년 4월, 금융위원회 미래 TF, 보스턴컨설팅그룹 자료 기준

가지고 기다리는 것이 중요하다. 단순하지만 아주 효과적인 방법이라 말하는 그는 양도소득으로 노후에도 부족함 없이 생활하고 있다.

그렇다면 양도소득 어떻게 만들 수 있을까?

첫째, 본인이 자신 있게 투자할 수 자산 유형을 정한다.

자신감을 가지고 투자한다는 것은 주위의 이야기는 참고로 하되 절대 기준으로 삼지 않고 해당 투자 유형에 대하여 꾸준한 관심과 정보 수집, 전문 지식 습득 등 공부를 게을리하지 않아야 가능한 일이다.

둘째, 자금의 크기를 정한다.

양도소득은 곧 자본소득이라고 언급했듯이 일정 규모의 자본이 있어야 한다. 하지만 충분한 자본이 없다고 해서 걱정할 필요는 없다. 소액으로도 접근 가능한 자산들이 있기 때문이다. 단, 개인이 충분한 강점을 발휘할 수 있는 자산에 접근할 수 있기까지 자본 축적은 있어야 한다는 게 중요한 조건이다.

예를 들어 주식에 투자하고자 하는 경우와 부동산에 투자하고자 하는 경우의 초기 자금 크기는 다르다는 사실쯤은 익히 알 것이다. 투자를 하되 서두르지 않고 실패를 최소화하는 방향으로 잡고 시도해야 함을 잊지 말자. 조급함을 버리고 준비하는 것이 중요한 지점이다.

셋째, 투자를 시작했다면 2차 투자를 할 수 있도록 앞의 두 과정을 반복한다.

넷째, 투자 자산별로 출구전략을 짜야 한다.

양도 시점을 정해야 한다. 필요한 시기별로 현금화하는 것이다. 또한 목표 수익률 등 개인 목표가 달성될 시 현금화하는 것도 유용하다.

양도로 인해 소득이 발생한 경우 일부는 노후 소득으로 사용하고 나머지는 재투자를 통해 추후 생활비 조달용으로 비축해두어도 좋다. 다시 한번 말하지만 처음 자본을 만드는 과정이 어렵지 두 번째는 초기 시도와 확연히 다르기 때문에 포기하지 말고 긴 호흡으로 대응해 볼 것을 권한다.

저자는 오래전 서울의 모처에서 구입한 작은 그림 하나가 몇 년 뒤 유명 작가(故 김점선 화백)의 작품임을 알고 놀란 적이 있다. 작가의 사망 소식을 뉴스로 접한 뒤에야 작가의 유명세를 알게 된 것을 보면 저자는 문외한임에 분명하다. 우연이 행운이 된 셈이다. 반면 저자의 지인은 성장 가능성이 있는 젊은 작가의 그림을 모으고 있다. 그림 한 점당 예산을 정해놓고 작품을 구매하고 있는데, 노년의 어느 시기에 그 작품들을 팔 것이라고 귀띔해 주었다.

작품과의 우연한 만남이 행운으로 이어질 순 있지만 양도소득을 위한 접근은 달라야 한다. 결론적으로 잘 알고 있는 분야에 접근하되 투자할 수 있을 때까지 투자금을 적립하는 것이 양도소득을 만드는 핵심이다. 그리고 다양한 정보를 습득하면서 소액으로도 가능하다면 과감하게 실행하는 것이다. 실행하는 사람에게 오는 최고의 열매 중 하나가 바로 양도소득이다.

**CLOSER THAN
YOU THINK**

11장

지나보니 소중한 유산이 되었네

보험금

11장

지나보니 소중한 유산이 되었네
보험금

　유대인은 대물림이 탁월한 민족이다. 특히 금융을 통한 대물림은 타의 추종을 불허한다. 잘 알려진 이야기이지만 다음 세대의 안정적 삶을 위해 부모 세대가 보험금을 자녀 세대에게 남겨주는 일이 많았다. 부모가 확실하게 받을 수 있는 보험금을 자녀가 어릴 때부터 준비해 두면 대를 이어 재산을 형성할 수 있고, 자녀 세대는 또 그다음 세대를 위해 더 큰 보험금을 준비하여 세대를 이어가며 더 큰 재산을 형성하도록 돕는다. 바로 금융을 통한 대물림인 것이다.
　자녀에게 넘겨줄 수 있는 확실한 보험금이 있는 대표적인 상품이 종신보험이다.
　금융회사가 보험금을 확실히 약속하는 보험이다. 하지만 최근에는 평균 수명이 길어지면서 종신보험의 인기가 예전보다 못한 것도 사실이다.

종신보험의 효과를 이야기할 때 조기사망 위험에 대하여 유족에게 보장하는 효과가 큰 상품인데 정작 오래 살기 때문에 상품 자체의 인기가 줄어든 것이 이유로 한몫하고 있다. 하지만 보험금이 조기 사망 위험에만 유효할까? 그래서 유용성이 떨어질까? 곰곰이 따져볼 필요가 있다.

H 씨(여, 60세)의 남편은 직업이 일정치 않았다. 무엇보다도 남편은 술을 즐겨했다. 당연히 소득도 일정하지 않았고 그마저 자주 끊기곤 했다. K 씨는 오래전부터 공부방[1]을 운영하며 자녀들을 키우고 있었다. 그녀는 남편의 도움을 기대할 수 없었고, 결국 본인의 빠듯한 소득을 주된 생활비로 사용하며 가정을 꾸려갔다.

엄마의 성실함을 보며 자란 자녀들은 모두가 부러워할 만한 기업에 취직하면서 경제적으로 독립했다. 자녀들이 독립한 후 H 씨는 노후가 걱정이었다. 아이들 뒷바라지하느라 정작 자신의 노후는 제대로 준비하지 못했기 때문이다. 하지만 H 씨에게 절망만 있었던 것은 아니었다.

수년 전 남편과 사별하는 아픔을 겪었다. 그런데 오래전 남편의 건강이 걱정되어 가입한 보험이 있었다. 혹시라도 하는 마음

---

[1] 개인학습 교습소

에 만약을 위해 준비한 보험인데 목돈(보험금 1억 원)을 받게 된 것이다. 아주 큰돈은 아니라 해도 열심히 일하며 빠듯하게 살아온 H 씨에게는 적지 않은 금액이었다.

H 씨는 말한다.

"보험금은 남편이 나를 위해 남기고 간 선물 같아요. 이 보험금은 온전히 제 노후를 위해 사용하려 합니다. 자녀들에게 짐이 되고 싶지 않거든요. 이 보험금으로 저의 미래를 대비할 겁니다. 일터에서 조금 더 일하면서 노력하면 나름 노후를 준비할 수 있을 것 같아요."

수명이 길어지기도 했지만 그에 따라 사망보험금의 사용 가치도 변하고 있다. 일반적으로 사망보험금은 상속세 등으로도 가치가 있다. 최근 들어 사망보험금이 남겨진 배우자와 자녀의 노후 대비용으로 적절하게 사용되는 사례가 자주 등장한다. 유대인들은 재산 대물림으로 사용했지만 지금은 노후 대비 자산용으로 사용하기에 더 유용하지 않을까 싶다.

H 씨의 사례처럼 보험금은 남겨진 배우자의 노후 대비용으로 효용 가치가 높으며 수명이 길어져 자녀가 함께 늙어가고 있다면 자녀의 노후자금으로 활용하기에도 효과적이라 판단된다.

P 씨(남, 74년생)는 오래전부터 어머니의 종신보험을 유지하고 있다. 아버지가 일찍 돌아가신 탓에 어머니가 고생을 많이 하셨다. 연세가 많아질수록 어머니의 건강이 걱정되었다. 그래서 어

머니가 편찮으시더라도 충분한 치료를 받으시도록 보험에 가입했다고 한다. 병원비에 보탤 목적이었다.

예상한 대로 오랜 세월 고생한 어머니는 70세 전후부터 아프기 시작했다. 다른 형제들이 있긴 하지만 어머니 병원비는 P 씨가 대부분 책임지고 있다. 여든이 다 된 어머니가 건강하시기를 바라지만, 노령에 여기저기 편찮으시니 오래전에 가입했던 보험이 새삼 든든한 지원군이 되고 있다.

어디 그뿐이랴. 종신보험의 특성상 약정된 사망보험금이 있기 때문에 P 씨의 노후에도 도움이 될 여지가 크다. 그의 혜안이 어머니의 치료비와 본인의 노후에도 유용한 선택을 한 셈이다.

P 씨는 어머니께 말한다. "편찮으시면 병원비 걱정하지 마시고 충분히 치료를 받으셔야 해요. 그래야 건강하게 지내실 수 있어요. 앞으로 수십 년을 더 사셔야 하니 세심하게 건강을 돌보셔야 합니다."

물론 종신보험은 가입 기간이 긴 상품이 대부분이라 알고 있지만 예전보다 가입 기간이 짧은 다양한 상품군이 개발되고 있으니 본인의 상황에 따른 상품을 살펴볼 수 있을 것이다.

또 놓치지 말아야 할 것은 보험금도 과세 대상이 되기 때문에 세금에 대하여 알고 가입할 필요가 있다는 점이다. 보험금은 성격에 따라 소득세, 증여세, 상속세 등으로 과세될 수 있다. 보험은 계약자가 소유주이기 때문에 매월 납입하는 보험료를 누가 납부하느냐가 세금 측면에서 중요하다.

예를 들어 P 씨처럼 본인이 매월 돈을 납입하고 추후 P 씨가 사망 보험금을 받을 경우 과세 대상이 되지 않는다. 그렇지만 어머니가 계약자가 되어 납부를 했다면 사망보험금은 간주상속 재산으로 규정되어 상속세 과세 대상이 된다. 그리고 질병이나 상해로 어머니의 병원비 정산용으로 받는 보험금은 비과세 대상이므로 세금과도 무관하다. 계약자와 관계없이 비과세 대상이다.

만약 가입하고 있는 종신보험에 추가로 납입하면 어떻게 될까? 해약하지 않으면 보험금을 높이는 효과가 있고 비과세의 혜택도 받을 수 있다. 사망 시에 나오는 금액은 기본 보험료에 의한 기본 보험금액[2], 계약자 적립액의 105%, 기납입 보험료 중 큰 금액과 추가납입 보험료의 사망보험금은 추가 계약자 적립액과 추가납입 보험료 중 큰 금액을 합산하여 받을 수 있다.

P 씨의 경우와 동일하다면 이 역시 비과세가 된다. 단, 중도에 해약하게 되면 사망보험금은 없고 해약환급금이 나오며 그 금액이 납입액보다 클 경우 보장성보험이라도 요건을 갖추면 비과세가 된다.

보험금은 목돈의 성격을 가지기 때문에 사업의 기초 재원이 되어 노후 생활소득으로 이어질 수 있다. 또 수익률이 있는 자

---

2 가입한 사망 보험금액

산에 투자하거나 이자율이 높은 금융상품에 가입하여 노후 소득으로 활용할 수도 있고, 연금상품에 가입하여 노후 재원으로 사용하기도 한다.

G 씨(65년생, 여)는 전업주부로 평생을 지냈다. 몇 해 전, 남편이 갑자기 쓰러져 3개월간 의식 없는 상태로 치료를 받다가 결국 사망했다.

슬퍼할 겨를도 없이 눈앞에 닥친 현실에 그녀는 막막하기만 했다. 그런데 남편의 사망보험금으로 3억 5천만 원을 받게 되었다. 이것을 기초 재원으로 5억 원의 목돈을 만들어 지인의 공구 사업을 인수했다.[3] 평생 주부로 살아온 그녀는 아들(98년생)과 함께 사업 전선에 뛰어들었다. 노후 준비가 부실했던 G 씨에게는 선택의 여지가 없었다.

일을 시작하고 2년이 채 되지 않았지만 G 씨는 생활의 안정을 찾았다. 남편의 사망보험금은 G 씨에게 노후 생활소득으로써 제대로 쓰이고 있다. 덤으로 아들의 일자리까지 마련했으니 고마움은 더 크다.

61년생 C 씨는 5년 전 불의의 사고로 남편을 떠나보냈다. 보험금으로 1억 원을 수령했다. 큰 금액은 아니라 할지라도 그녀에게는 소중하다. C 씨는 1억 원으로 이자를 받아 노후 생활에

---

[3] 총 인수가는 10억 원이었으나 부족액은 대출을 활용했다. 대출도 기초자산 5억 원이 있었기에 가능했다.

보태고 있다. 월 30만 원 정도이지만 든든한 지원군이 따로 없다. 유족 연금과 보험금 저축 이자 그리고 재산의 조정을 통한 임대 소득으로 노후 생활비를 충당하고 있다.

보험은 가입 후 오래 유지해야 한다는 점이 단점으로 보이지만 한편으로 오랜 기간 납입하는 것은 향후 받을 수 있는 보험금이 많아지는 기회가 되기도 한다.

푼돈은 인화성이 강하다. 푼돈으로 있을 때는 쓸모없이 사용되는 경우가 많아 가치 절하가 되지만 목돈은 기회를 만드는 씨앗이 된다. 혹시 유지하고 있는 종신보험이 있다면 끝까지 유지하기를 권한다. 왜냐하면 최고의 혜택이 아직 오지 않았기 때문이다. 소중한 유산으로 남을 때까지 기다려라.

노후소득백서

내 집 두 채는
어디로 갔을까

Closer than You Think!

CLOSER THAN
YOU THINK

12장 노후 경제적 자유, 다다익선(多多益善)
13장 어디 경제적 자유뿐이랴
14장 노년에도 여전히 필요한 3가지 힘

3부
기회는 있다

CLOSER THAN YOU THINK

12장

노후 경제적 자유, 다다익선(多多益善)

12장

노후 경제적 자유, 다다익선

　노후를 계획하지만 당장 무엇부터 해야 하는지 막막할 때가 있다. 필요한 것은 알고 있지만 남의 이야기인 듯하고 구체적인 방법을 찾기 쉽지 않다. 관성이라는 물리적 법칙이 가장 크게 작동하는 곳이 다름 아닌 삶의 현장이라고 하지만 필요하면 생활에 과감하게 변화를 줘야 한다.
　노후 기간이 길어지고 생활비의 규모도 만만치 않기 때문에 노후 삶의 안정성뿐 아니라 행복한 노후를 위하여 소득의 원천을 다양하게 준비하는 것은 지혜로운 접근이다.
　결과적으로 소득의 파이프라인을 여러 개 준비한다고 하지만 그렇게 하려면 현재 어떻게 하는지가 매우 중요하다. 고지가 멀리 있다 할지라도 시간이 갈수록 목표 달성 시점은 점점 가까워지는 것은 진리다. 그러므로 포기하지 않고 단계를 밟아가다 보면, 삶의 변곡점이 생각보다 가까이에 있음을 알게 될 것이다. 노후 경제적 자유는 당신의 손에 달려 있다.

의지를 뇌에 새기고, 목표를 세우라

의지를 다지고 마음속으로 되뇌는 것, 생각을 정리하고 스스로 동기 부여하는 것은 절차나 과정이 아니라고 생각할 수 있지만 일을 도모하는 데 있어 큰 밑그림을 그리는 것과 같다. 대양을 항해하는 상선의 나침반과 같다.

먼저 호흡을 가다듬어라. 본연의 자세를 새롭게 하며 전두엽을 깨워 상상해 보라. 실행 의지를 굳건히 하라. 그리고 마음에 자신감을 심어라. 자기를 사랑하고 남을 아끼는 이타심도 심어라. 시간을 아끼고 낭비하지 마라. 언제까지 기다려주지 않는다. '언젠가 되겠지'라는 대책 없는 생각을 버려라. '나도 할 수 있다'라고 생각하고 아름다운 노후를 기대하라. 누군가 반문할지 모른다. 그렇게 시도했지만 결국 안 되더라고 말이다. 하지만 실패의 경험이 있다면 실패 원인을 이미 습득했을 것이다.

만약 다시 도전한다면 성공 확률은 더 높아져 있다. 그리고 기억해야 할 사실이 있다. 당신의 뇌에 의지를 새기고 작은 언덕이라도 올라선 것을 상상해야 한다. 그렇지 않으면 다시 실패하기 쉽다. 당신이 뇌에 각오를 새기면, 현재 상황 점검으로 자연스럽게 이어질 것이다.

재정을 점검해 보자. 우선, 있는 그대로 재정의 흐름을 파악하는 것으로 시도해 보면 재정 상태의 객관화를 경험할 수 있다. 그리고 수입과 지출을 항목별로 점검함과 동시에 재정적 측면에서 SWAT[1] 분석을 해보라. 즉, 강점(Strength), 약점(Weakness), 기회(Opportunity), 위협(Threat)을 동시에 분석하면 효과적이다. 재정적으로 당신의 현실을 적나라하게 점검해 보는 것을 권한다. 이런 자기 점검은 경제적 자유 달성이라는 측면에서 꼭 필요한 과정이다.

자기 점검과 함께 시작해야 할 사항이 있다. 다름이 아니라 목표를 세우는 것이다. 재정적 측면에서 목표치가 있느냐 없느냐는 승패를 판가름할 만큼 중요하다. 만약 목표가 없다면 재정적 자유는 막연한 상상에 머물기 쉽고 노후의 모습도 뻔할 것이다. 그렇다면 목표는 어떤 방식으로 세워야 할까? 목표를 세우는 과정에서 몇 가지 요소를 고려하면 도움이 된다. 영어의 앞 글자를 따서 'SMART'라고 표현할 수 있는데 그 내용을 살펴보자.

첫째, 첫 글자 'S'는 'Specific'을 의미한다.

즉 목표는 구체적이어야 한다. 예를 들어, '월 수익 300만 원 수익형 부동산 매입이라거나 65세 이후 노후 자금 용도로 현금의 흐름을 월 600만 원 달성한다'와 같이 목표를 구체적으로 세워야 한다. 그리고 노후를 대비하여 현금의 흐름을 중요한 과제

---

[1] SWOT은 내부 외부 여건을 간략히 분석해 대안을 모색하는 전략 기법이다.

로 생각한다면, 구성 명세별로 구체화하여 목표로 세우는 것을 권한다. 본인의 국민연금 월 150만 원, 퇴직연금 월 50만 원, 개인연금 월 50만 원, 배우자 국민연금 월 80만 원, 배우자 개인연금 월 20만 원, 부동산 월세 현금 흐름 250만 원 등으로 목표를 세우는 것이다.

이와 같이 하면 세부적인 목표 역시 구체화할 수 있다. 세부 사항별로 부족분을 점검할 수 있으므로 구체적으로 대비할 수 있고 이를 통해 활동지표까지 연결된다. 부동산 현금 흐름에 필요한 종잣돈이 얼마면 가능할지 등 예측 과정이 있으면 저축을 행동으로 옮길 수 있다는 것이다. 구체적 목표는 현재부터 당장 준비할 수 있는 방법론으로 고민이 이어지기 때문에 목표가 달성될 가능성이 매우 높아진다. 그러므로 목표는 구체적이어야 한다. 앞서 보았던 5년에 1억 모으기 목표를 세웠던 사회 6년차 여성처럼 말이다.

둘째, 측정 가능한(Measurable) 목표여야 한다.

3년 내 종잣돈 1억 모으기를 목표했다고 가정해 보자. 이런 경우 매월 또는 매년 목표 진행률을 측정할 수 있다. 측정 가능한 목표를 세울 경우 목표의 달성 유무를 예상할 수 있는 장점이 있다. 그리고 목표의 달성 유무를 예상할 수 있다는 것은 현재의 위치를 파악하고 객관화하는 데 도움이 된다.

또 측정 가능한 것은 스스로 목표 진행 과정을 확인할 수 있어서 목표 달성을 포기하기보다 목표를 이루는 데에 촉진제가 된다. 자기 독려가 가능하다. 막연하게 '나는 부자가 될 거야', '노후에는 행복하게 살 거야'처럼 선언적 목표보다는 측정 가능한 목표를 세우면 목표를 달성하고자 집중하는 힘을 발휘할 수 있다.

셋째, 목표는 달성 가능한 것(Achievable)으로 세워야 한다.
달성 가능하다는 것은 현재 상태를 점검하여 발전적 성장을 모색하는 것이다. 그렇다고 해서 스스로 한계를 규정하라는 뜻은 아니다. 너무 생뚱맞거나 이상적인 목표를 정할 경우 중도에 포기할 확률이 높아진다. 그리고 지쳐서 다시는 도전하지 않을 수 있다. 너무 이상적 목표 달성을 위해 노력하다가 번아웃[2] 되면 스스로 자책하는 부작용과 무기력이 발생할 수 있다.

예를 들어 소득을 다양한 방법으로 창출할 수 있지만 현재 월 소득이 300만 원인 사람이 직업의 극적 변화나 남의 도움 없이 월 3,000만 원 달성하겠다고 목표를 세운다면 어떻게 되겠는가? 언젠가 달성할지 모르지만 목표를 실행하는 데에 있어 순작용보다는 건강을 해칠 수 있거나 너무 막연하게 접근할 수 있을 것이다. 차라리 현재 소득의 70%를 저축하겠다거나 현재 소득보다 50% 이상 향상 소득을 1년 내 만들어보겠다고 목표를

---

[2] 번아웃(Burn Out) : 어떠한 활동이 끝난 후 심신이 지친 상태를 말한다.

설정하면 본인의 소비 통제, 시간 활용을 높여 다른 소득원을 만든다거나 또는 회사에서 보너스를 많이 받기 위해 자기 능력을 강화하고자 노력하는 등 효과적 결과를 가져올 것이다. 최선의 방법을 활용하여 달성 가능한 목표를 설정해 보자.

넷째, 목표가 신뢰 가능해야(Reliable) 한다.

본인의 능력을 과소, 과대평가하지 않으며 지금까지의 경험 결과치를 고려하여 신뢰성을 판단하게 된다. 이것은 내적 자원(역량), 외부 환경, 경험치(결과치, 행동의 연속성)가 반영되는 것이다. 신뢰할 수 있는 목표는 세 가지 요소를 본인이 통제할 수 있는가, 그렇지 않는가와 깊은 연관이 있다.

2년 전, 능력과 사업 경험이 있는 분이 지인 교수님에게 러시아 목재 사업을 제안한 적이 있었다. 교수님께서 당신이 들으신 사업 내용을 나에게 설명해 주셨는데, 저자의 생각에는 목재 사업은 쉽지 않을 것으로 판단했다. 내부 자원과 경험이 있다고 하더라도 외부 환경인 국가별 정책(한국과 러시아 간 정책 차이), 거래의 여러 난관 등을 고려하니 신뢰성이 떨어지는 제안이라고 판단했다.

이런 경우도 있었다. 지인 중 한 명은 1억 원 가까운 돈을 코인에 묶어 놓고 있었다. 자금을 동원할 능력이 되고 당시 코인 열풍이 불고 있었지만 경험이 전혀 없는 분야에 투자하여 큰 수익을 기대하고 있었다. 결과가 어떻게 되었을까? 이익은 커녕

막대한 손실을 보고 말았다.

그렇다면 우리는 어떻게 신뢰할 수 있는 재정 목표를 세울 수 있을까? 정직한 소득과 스스로에 대한 믿음이 전제될 때, 신뢰성 있는 목표를 세울 수 있을 것이다. 그리고 가족 구성원과 함께 논의하면 좋다. 이는 목표 공유를 통해 공감할 뿐 아니라 가족 구성원과 신뢰를 형성하면서 진행하려는 의미가 내포되어 있다. 그와 함께 재정 목표를 달성했을 때, 무엇을 하고자 하는지 서로의 의견을 나눔으로써 목표의 신뢰성을 더욱 견고히 할 수 있다. 이렇게 목표를 추진하는 과정에서 본인의 통제권을 벗어나는 요인이 발생하지 않도록 관리하는 기술을 익힐 수 있는 것은 덤이다.

마지막으로 시간의 한정(Timely)을 정해두고 해야 한다.
목표의 기한을 정해두는 것을 의미한다. 기한을 정해두지 않는다면 목표 자체를 막연하게 여길 수 있다. 푯대를 정하고 언제까지 완수하겠다는 것은 반드시 그것을 이루고자 한다는 뜻이다. 단기와 장기로 구분하여(세분화) 함께 세워도 좋고 하나의 기간만 설정하는 것도 괜찮다. 자신에게 적합한 것으로 기한을 설정하여 목표 세워보기를 권한다.

생각이라는 연못에 파동을 일으키라. 지금 당신이 수령하고 있는 연봉과 소득을 자세히 풀어 나열하고 소비의 내용을 기록

하라. 소비 실태를 파악하되 정리하고 줄일 수 있는 부분을 정하여 과감하게 통제하라. 필요하면 현재의 자산을 재조정하라. 투자를 실현해 볼 수 있는지를 예측하라. 투자 대상 물색과 구체적 방법까지 구상해 보라. 목표를 세우는 데 있어 모든 정보와 대안도 함께 고려하라. 목표가 당신의 것이 되게 하라.

은퇴 이전과 그 후는 판이한 양상으로 전개될 수 있다. 심지어 퇴직 전과 퇴직 후 당신의 존재감조차 다르게 느껴질 것이다. 스스로도 그렇게 느끼지만 사람들도 지금까지와 다르게 바라볼 수 있다. 시간은 많이 주어지지만 경제력이 점점 줄어드는 노후는 끔찍하다. 할 수 있을 때 하지 않으면 후회의 잔상은 영원히 지워지지 않을지 모른다. 나중에 후회한들 돌이키기 어렵다. 시간은 당신에게 더 이상의 기회를 제공하기 어렵기 때문이다.

50세 이상 퇴직자 남녀 400명을 대상으로 설문조사[3]를 실시했다. 퇴직이라는 현실을 겪고 있다 보니 노후라는 주제에서 의미 있는 내용이었다. 가장 후회되는 사항이 무엇인지 설문 조사한 결과, 전체 응답자의 37.5%가 재정 관리 소홀을 가장 후회한다고 답했다.

은퇴 후 소득 공백기를 겪기 때문에 자산 관리의 중요성을 깨닫고 있었다. 심지어 인간관계 및 취미와 여가생활마저도 자기만족이나 내적 성취보다 재정적 요인이 더 크게 영향을 끼치고

---

3 23년 7월, 미래에셋 은퇴연구소 조사

있다고 응답한 것으로 보아 경제력이 노후에 큰 영향을 끼치는 것을 알 수 있다.

마음을 견고히 하고 눈을 들어 당신이 뻗어나갈 지경을 상상해 보라. 당신의 목표가 어렵게 느껴지지 않을 것이다. 액세서리 목표가 아니라 당신을 증명하는 영수증이 될 것이다. 이제 달려가면 된다.

시장은 통제 불가다. 자신을 통제하라!

경제적 자유는 돈을 언제 모으고 어떻게 관리하고 다루느냐가 중요하다. 그렇다 보니 경제적 자유는 돈을 불리고 운용하는 투자와 밀접한 연관성이 있다. 투자는 자본시장이라는 틀에서 이루어지는 경제주체[4]의 적극적인 경제 행위이다. 물가, 금리, 수익, 수요, 공급, 경제성장률 등 다양한 주제와도 자연스럽게 만나게 된다. 그리고 경제적 자유는 언제든 생활의 어려움이 없어야 하므로 돈의 흐름이 결정적 요소라고 할 수 있다. 결국 돈의 흐름은 자본주의 시장이라는 큰 시스템에서 일어나는 상호 경제활동을 중심으로 발생한다.

물가가 얼마나 상승했는지 금리는 어떤 수준에서 정해질 것인지 등 많은 주제를 경제 뉴스를 통해 들을 수 있다. 인플레이션

---

[4] 정부, 기업, 개인
[5] 근원물가지수, 소비자물가지수(CPI) 등

이 전년 대비 얼마나 상승했는지 발표되는 뉴스는 주된 관심거리다. 특히 한국 외 미국의 인플레이션[5]은 초미의 관심사다. 각국 중앙은행은 급격한 물가 상승이 각국 국민의 생활 경제에 큰 영향을 미치기 때문에 이를 관리하는 수단으로 금리를 활용한다. 한국도 미국도 유럽도 마찬가지다.

최근 코로나 이후 중국이 본격적으로 시장을 개방하면 우리나라를 비롯한 여러 나라의 경제가 다시 활성화되리라 기대했지만 실상은 그렇지 못하다. 오히려 중국의 디플레이션 가능성을 이야기하고 있으며 세계 경제도 침체되지 않을까 노심초사 하고 있는 실정이다. 코로나가 한창 진행될 즈음에는 스태그플레이션[6] 발생 가능성을 우려하기도 했지만 경제 상황은 시시각각 바뀌고 있다. 저금리가 저물고 이제는 중금리 시대로 접어들었다고 예견하는 전문가도 많이 등장했다.

2023년 초부터 미국의 경기침체를 예상했지만 2024년 현재도 마찬가지다. 여전히 강한 고용률은 미국 시장의 견고함을 말해 주는 듯하면서도, 미 재무부의 적자재정 정책으로 국채 발행이 필요한 상황이지만 미국 국채를 매입할 대상이 없어 난감한 상황이다. 그리고 미국 연준은 인플레이션으로 인해 긴축정책을 계속 이어가야 하는 자가당착 상태이다. 마치 살얼음판을 걷는 듯 누구도 예측하기 어려운 상황이 시장에서 일어나고 있다.[7]

---

6 고물가 경기 침체

우크라이나 전쟁, 이스라엘 전쟁(중동 지역 전쟁) 발발에 대해 전쟁이 오래 지속되리라고 누구도 예측하지 못했다. OPEC 플러스에서 큰 형님 노릇을 하는 사우디아라비아와 미국 사이의 전통의 우방 관계가 틀어지고 석유의 생산량 조절로 유가 인상 고통도 끝나지 않은 상황이다.

이러한 때에 우리는 시장을 어떻게 바라보아야 하겠는가? 결론부터 말하자면 시장은 우리의 예상이나 바라는 대로 움직이지 않는다. 그리고 일어날 것 같지 않은 일들도 수시로 일어난다. 경제, 사회, 심지어 의료분야에서도 마찬가지다. 블랙스완[8]은 계속 일어날 것이다. 결론적으로 외부 여건 변화, 시장 변화는 우리의 통제 영역이 아니다.

우리가 할 수 있는 것은 무엇인가? 시장의 변동성은 받아들이되, 이해하도록 노력하고자 하는 것은 계속 필요하다. 그리고 우리는 시장 통제보다 어떠한 변동이 생긴다고 하더라도 시장에서 견딜 수 있어야 하고 살아남아야 한다. 통제 불가와 통제 가능 부분을 분별하는 지혜로운 접근이 필요하다.

시장은 예측하기도 어렵거니와 통제하기도 불가능하다고 했다. 그렇다면 우리가 통제할 수 있는 영역은 무엇인가? 그것은 다름 아닌 우리 자신이다. 그러므로 우리는 이 부분에 집중해야

---

7 2024년 9월, 미연준은 금리인하(0.5% 인하, 빅컷이라고 일컬음)을 단행했다.
8 블랙스완 : 예외적이고 발생 가능성이 없어 보이는 일이 실제 발생했을 때 그 사건을 부르는 용어

한다. 소득, 지출, 시간, 생각, 행동, 실천 등은 각자의 통제권에 둘 수 있다.

그렇다면 어떻게 통제해야 할까? 대출 측면에서 한번 살펴보자. 예를 들어, 최근 1~2년 사이 급격하게 오른 인플레이션을 잡기 위해 기준금리도 빠르게 인상되었다. 이렇다 보니 기존 대출자들은 금리 상승에 따라 상당한 압박을 받을 수밖에 없다.

물론 대출 실행자는 시장금리의 방향이나 변동 폭을 예상하기 어렵다. 그렇지만 애초 대출 실행 시 금리의 상승이나 하락과 관계없이 상환 기간을 5년 전후로 정한 뒤(통제한 뒤) 대출을 일으키는 방식으로 접근하는 것이다. 대출 상환 수수료 유무와 관계없이 꾸준한 상환을 한다거나 본인의 통제가 가능한 수준에서 경제 행위를 시도하는 게 좋다.

기간을 통제하여 대출 상환을 마무리하기 위해서는 현재 본인의 현금 순 유입과 지출을 파악하고 통제하는 것이 선행되어야 한다. 여러 면에서 자기통제가 필요하다. 자기통제는 시장에서 계속 살아남을 기회를 제공한다. 경제적 자유는 우리가 시장에 머물러 있을 때 실현 가능한 일이다.

이렇듯 경제적 자유를 실현하고자 하는 우리는 통제 가능한 사항을 확실히 관리하면서 대응해 가는 자기통제 능력을 반드시 가져야 한다. 어떤 특정인이 시장의 변동성을 잘 꿰뚫어 엄청난 성공을 거둔 투자 사례가 있다고 할지라도 계속해서 성공하기는 어렵다. 그리고 그런 성공의 경우가 나에게 그대로 적용되는 것은 별개의 사안이다. 당신의 미래를 운에 맡기기보다 각자 확실하게 할 수 있는 부분부터 장악하는 것이 도움이 된다. 고기도 먹어 본 사람이 계속 먹듯 자기통제를 통해 작은 언덕을 오르는 경험을 하는 것이 매우 중요하다.

그런 경험을 하게 되면 또 다른 도전을 시도해 볼 수 있는 기회와 용기가 생긴다. 소위 '나도 할 수 있구나'에 머무는 것이 아니라 더 나아가 기업가 정신까지 고취할 수도 있다. 하지만 경제적 자유를 누리려고 조급하게 생각하는 사람은 시장을 이기려고 한다. 그렇게 되면 자신은 남들과 다르다는 심각한 오류 회로가 동시에 작동한다. 우리가 유의해야 할 점이다.

시장은 우리의 손아귀에서 벗어나 있는 생명체다. 그러므로 경제적 자유를 실현하기 위해 조급함을 버리고 자기통제가 전제되어야 한다.

지출 통제가 1차 허들이다

사람은 소비의 동물이다. 소비를 통해 만족감과 효용성을 추구하는 존재다. 만족감이란 우리의 감각적 기능[9]과 편도체가 관장하는 감정적 요소의 쾌감을 통칭하는 말이다. 반면, 효용성은 기능성을 포함하여 쓸모와 보람을 가진다. 그러나 불필요한 소비 대부분은 효용성보다 만족감을 위해 지출한다. 기업은 소비

---

9 시각, 촉각, 미각, 청각, 후각

자가 소비에 불편함이 없도록 노력하고 끊임없이 유혹한다. 마케팅의 여러 요소를 최적의 방법을 동원하여 고객의 필요를 자극한다. '4P'[10]라고 일컫는 요소를 적절하게 혼합하여 소비자가 소비하는 데 거리낌이 없도록 포지셔닝(Positioning)하고 나아가 브랜딩(Branding)을 한다.

소비에 익숙한 사람은 이 모든 요소에 여지없이 흔들리고 지출이라는 방법으로 무장 해제된 만족감에 젖는다. 기업은 소비자보다 똑똑하고 전략적임을 알아야 한다. 또한 누구를 막론하고 우리는 지출 위주의 경제생활에 익숙하다. 그리고 지출로 스트레스를 해소하려는 함정에 길들여져 있다. 종잣돈을 만들기 위해 저축의 중요성을 알고 있다고 하지만 실행을 통해 결과를 만들어내는 사람은 극히 제한적인 이유다.

저축 가능 규모는 들어오는 소득 대비 지출을 차감한 뒤 남은 여분이라는 것을 누구라도 알 수 있다. '저축 가능액 = 소득 총액 – 지출 총액'은 누구나 이해할 수 있는 공식일 것이다. 하지만 여기에는 여러 이야기가 엮인다. 주어진 한정적 자원[11]을 어떤 방법으로 결합하여 얼마의 소득을 창출 가능한지 다양한 내용을 만들 수 있다. 지출에 있어서는 심리적 상태와 생리적 욕구 충족이 복합적으로 얽히고설켜서 소비 이유를 정당화하고자

---

10 Price(가격), Product(제품), Promotion(판매촉진), Place(유통)
11 시간, 신체적 조건, 자본동원력, 지식 등

한다. 중요한 이유가 아니더라도 나름의 이유가 있기 때문에 지출 통제에 불편함을 느낀다. 소득 창출에서도 쉽게 할 수 있는 부분에만 국한된 생각을 하거나 지금의 노동소득에 한정을 두기 마련이다. 그래서 종잣돈을 만드는 것은 누구나 할 수 있음에도 불구하고 극히 소수의 사람만이 성공하는 것이 되었다.

소득 증대는 차치하고라도 지출 통제는 어떨까? 정말 어렵고 실현 불가능할까? 지출은 적극적 관리하에 가성비에 초점을 맞춘 소비에 익숙해지면 불필요한 지출 통제는 먼 이야기가 아니다. 잠깐 언급했지만, 지출은 효용성과 감정적 욕구 만족을 채우는 방법이다. 특히 순간적 만족을 채우는 소위 '홧김 비용'[12]은 자존심, 허영심, 나다움, 보여주기 등 여러 의미를 내포하고 있는 감정적 영역이다.

그렇다면 불필요한 지출은 어떻게 줄일 수 있을까? 지출 다시 생각하기를 통해 지출 시기 늦추기로 하면 도움이 된다. 지출을 미루어 미래 어느 시점에 다시 생각하면, 소비할 필요가 없게 느껴지거나 소비의 마음 자체가 사라지는 경우가 다반사다. 정말 필요한 소비를 제외하고 말이다. 그리고 지출 행위에 개인 자존감과 정체성, 윤리적 의미 등 소비의 또 다른 이유를 찾는 노력이 있다면 불필요한 지출을 줄이는 힘을 가질 수 있다. 예를 들어 남에게 잘 보이기 위해 소비하지 않더라도 자신은 내면

---

12 홧김에 하는 불필요한 지출

적, 외면적 아름다움이 충분하고 대단한 사람인 것을 기억한다면, 심리와 순간적 만족을 채우는 소비를 절제하고, 나아가 건강한 자존감을 유지하여 강단 있는 정신력을 유지하는 기회를 얻게 된다. 또한 메타인지[13]도 함께 높이는 계기가 된다.

불필요한 소비를 줄이는 연습과 함께 좋은 생활 습관을 만들어 간다면 오히려 경제적 자유뿐 아니라 심리적, 신체적 건강을 소유할 수 있다. 그렇기에 지출 통제의 허들을 넘어서도록 도전해 보라. 노후 경제적 자유를 이루기 위해서는 지출 통제가 반드시 넘어야 할 산임을 명심하라.

지출 통제는 소비 추적이 이루어지면 가능하다. 보통 가계부를 기록하는 습관을 형성하면 개인 생활 행태와 함께 고정지출, 변동지출, 기타 지출 등으로 구분된 본인의 소비지출 내역을 꼼꼼히 확인할 수 있다. 이렇게 눈으로 확인하는 과정을 거치면 자연스럽게 줄여야 하는 요소를 금방 간파할 수 있게 된다.

당장 지출을 줄일 수 있는 영역이 있을 것이고, 수개월에 걸쳐 단계적으로 줄일 수 있는 부분도 있다. 또한 할부 소비나 목돈이 일시에 나가는 지출 관리도 매우 중요한 과제다. 그리고 항목별로 접근하는 것도 유용하다. 주거비, 교통비, 교육비, 식비, 문화활동비, 패션비, 기타(의료비 등)로 구분해서 살펴보면, 의외

---

[13] 메타인지란 자신의 인지 과정에 대하여 한 차원 높은 관점, 객관적 관점에서 관찰, 발견, 통제하는 정신 작용

로 지출이 큰 부분이나 평소 사용이 적은 영역을 이해할 수 있다. 눈으로 확인하는 작업이 선행되어야 지출 통제도 뒤따라 실행하기 쉽다.

또 다른 지출 관리 방법으로 지출 챌린지를 사용하면 통제가 가능하다. 이는 과감하게 절약하고자 할 때에도 효과적인 방법이다. 지출 금액을 정해두고 그 안에서 지출을 끝내는 방식이다.

지출에서 어떻게 통제해야 할지 어려운 부분도 존재한다. 자녀가 있는 가정의 경우 지출 통제 실행이 어렵고 의견이 분분한 소비 항목은 다름 아닌 자녀 교육비이다. 자녀 교육비 지출 관련해서는 부부와 자녀의 의견 일치가 중요하다. 그러나 주관적 원칙 없이 남이 하는 대로 따라 하는 교육비 지출은 경계해야 한다. 그리고 자녀를 학원 보내고, 과외 선생님만 붙여주면 부모 교육의 역할을 충분히 수행한다고 오해하면 교육비 통제가 어려워진다.

교육 공급자(학원 등)도 중요하지만 교육 수요자(학생)와 교육 지원자(부모) 모두 서로의 객관적 상황을 냉정하게 인식하는 것이 중요하다. 그러므로 교육 효과의 과도한 기대를 조심해야 한다. 이런 부분에서 부부의 냉정한 의견 공유와 교육비 지출에 대해 진지한 접근이 필요하다.

지출 통제를 완성하는 과정에는 노력과 수고, 고통이 수반된다. 하지만 처음의 과정은 힘들어도 노력하여 익숙해지면 지출 통제가 어렵지 않게 된다. 불필요한 지출의 과감한 억제와 함께 계획적 소비의 습관 형성은 경제적 자유 실현이라는 과제해결에서 두고두고 도움이 될 것이다. 계획된 지출이 아니라면 지출을 개인적으로 합리화하는 이유를 지워야 한다. 어떤 이유라도 타당하지 않기 때문이다.

경제적 자유로 가는 길에서 지출 통제가 1차 허들이다. 하지만 분명 해결할 수 있는 주제라는 것을 기억하자.

"역사가 반복되는 것이 아니라 사람이 반복하는 것이다."
– 볼테르

소득을 늘릴 방안을 모색하라

소득의 종류는 어떤 것이 있을까? 조금 딱딱한 내용이지만 세법에서 말하는 소득의 종류를 살펴보자. 대략 여덟 가지로 나눌 수 있다. 이자소득, 배당소득, 사업소득, 근로소득, 연금소득, 기타소득, 양도소득, 퇴직소득으로 구분한다.

소득의 종류 중 근로소득은 노동 소득으로 불리기도 한다. 가장 많은 사람이 노동 소득을 벌고 있다. 보편적이면서 누구에게나 열려있는 소득이다. 당신은 어떤 종류의 소득을 벌고 있는가? 복수의 소득이 있는가? 한 가지 소득이 있는가? 그리고 소득 증가를 위해 어떤 노력을 기울이고 있는가?

간단히 언급했듯이 가장 많은 소득의 형태는 근로소득(노동소득)이다. 근로소득을 높이기 위해 노력하는 것은 오늘부터라도 당장 시도할 수 있다. 근로소득의 증가라는 것은 다름 아닌 본인의 몸값을 높이는 과정이다. 어떤 일에 종사하든 먼저 본인의 주된 직업에서 가치 향상을 위해 노력하는 것이 손쉬운 접근 방법이다. 혹자는 급여 생활자는 별 차이가 없다고 할지 모른다. 일견 맞는 이야기이지만 한편으로는 그렇지 못하다. 회사의 대가는 크지 않을지 모르나 몸값 높이기에 집중한다는 의미는 실력과 능력이 탁월해진다는 것을 말한다. 그리고 자신의 몸값을 높이는 과정에 몰입하다 보면 다른 소득이 생길 기회가 주어질 수 있다. 지식 향상이 필요한 직업도 있을 것이고 기술 향상이 요구되는 일도 있다. 창작하는 일처럼 많이, 자주 고뇌해야 할지도 모른다. 현재 직업에서 가치 향상에 집중해 보라. 그리고 도전의 방법을 택하라. 근로소득을 향상하는 방법은 최소의 비용으로 소득을 확대하는 가장 효과적인 길이다.

또한 소득을 높이는 방법에는 다른 사람과의 관계 관리가 중요하다. 이것은 타인과의 신뢰를 쌓아가야 한다는 뜻을 내포하고 있다. 소득 중 대부분은 사람과의 관계에서 파생되기 마련이다. 저자도 소득을 늘리는데 친분 있는 사장님들의 도움이나 지인들의 신뢰가 큰 몫을 했다. 주위를 잘 둘러보라. 당신의 도움이 필요한 곳이나 당신에게 힘이 되어줄 누군가는 항상 있게 마련이다.

그리고 간절함도 함께 가져야 한다. 자신이 간절하면 간절할수록 옆 사람에게도 에너지가 잘 전달될 수 있다. 간절함은 옆 사람을 감동시키기 마련이다. 만약 간절함과 함께 친밀함이 동반된다면 소득 창출의 기회로 직결될 수 있다. 홀로 간다면 빨리 갈 수도 없고 멀리 갈 수도 없다. 다른 사람과의 관계 관리에 집중이 필요한 이유다.

또 다른 대표적 소득 형태는 바로 사업소득이다. 사업소득의 대부분은 상대방 또는 어떤 업체와의 거래에서 발생한다. 설령, 당신의 주 소득원이 근로소득이라고 하더라도 당신의 능력으로 거래를 창출할 수 있다면 사업소득을 만들 수 있다. SNS를 활용할 수 있고, 인터넷 플랫폼 회사를 이용할 수 있고, 고객에게 가치를 만들 수 있는 어떤 것이 있다면 거래를 통한 소득을 만들 수 있다.

영업력을 함께 갖추어 보라. 당신은 사업소득을 크게 늘릴 수 있는 능력을 갖추게 된다. 영업력은 다양한 곳에서 힘을 발휘하여 소득 증가에 크게 기여할 것이다. 그리고 시간은 우리의 가장 소중한 자원인 동시에 소득을 늘릴 힘이 된다. 즉, 시간을 관리할 수 있다면 소득을 늘리거나 자산을 늘릴 수 있는 무기를 지니는 것과 같다.

서울에 사는 직장인 A 씨(32세), 퇴근 후 주 3회 중학생 과외 아르바이트 중이다. 그렇게 통장에 월 200만 원 정도 들어온다. 직장인 B 씨(42세)는 몇 달 전부터 퇴근 후 택배 아르바이트를 하고 있다. 일주일에 2회 저녁식사 후부터 새벽 1시까지 하고 있으며 월 150만 원가량 통장에 들어온다.

시간 관리로 인해 주 수입원 이외 부가 소득을 거둘 수 있다. 최근 N잡러[14] 경험에 대한 내용이 기사화되었는데, 하루 평균 3~4시간을 주 일자리와 별도로 일하고 있으며, 월평균 80만 원가량의 소득이 생긴다고 응답했다. N잡에 대한 경험은 10명 중 9명에 이르는 것으로 나타났다. 과외하는 직장인, 카페 바리스타, 판매관리, 문서작성 편집, 블로거 등의 응답자가 많았다.[15]

시간 통제를 통해 SNS 등 각종 네트워크 활동을 하거나 지식과 기술 그리고 근로 서비스를 직접 제공하는 식으로 소득을 늘리고 있다. 이처럼 시간 통제를 통한 소득을 늘리는 직장인이 다수 있다는 것은 시간을 쪼개어 관리하는 노력이 소득과 직접 연관성이 있음을 나타내고 있다.

그리고 시장의 변동성을 견디면 자산과 소득의 증가 경험을 할 수 있다. 여기에서 시장의 변동성을 견디는 유일한 무기는 시간 투자다. 다음은 오로지 시간으로 시장의 변동성을 이긴 사례이다.

버몬트주 시골에서 태어나 고등학교 졸업 후 여러 잡부로 일한 로널드 제임스 리드는 자신의 소득 중 일정액을 저축하고 우량 주식을 사 모았다. 받은 유산이 있는 것도 아니고 복권 당첨

---

14 N잡러란 한 명이 여러 개의 일 또는 직업을 가지는 사람을 의미함
15 잡코리아 설문(2023년 8월)

의 경험도 없던 그다. 시간을 견딘 그의 자산 성적표는 놀라웠다. 92세(2014년) 죽기까지 돈으로 인해 어려움을 겪은 적이 없으며 오히려 평생 그가 한 일에 비해 800만 달러라는 놀라운 금액을 사회에 남겼다. 시간을 이긴 결과였다.

시간은 재활용되지 않는다. 하지만 주어진 시간을 제대로 활용하면 우리의 예상을 훨씬 초월하는 자산 증가를 경험할 수 있다. 그러므로 모두에게 주어진 자원, 시간을 귀하게 여기고 잘 활용하라. 시간은 자산을 늘려주는 복리 효과뿐 아니라 우리에게 가장 큰 기회 수단으로 작동하는 자원이다.

마지막으로 기업가정신으로 무장하면 소득 증가를 경험할 수 있다. 기업가정신은 기업가의 고유한 가치관이나 기업가적 태도라고 정의하는데 몇 가지 키워드가 있다. 바로 통찰력, 도전과 혁신, 이윤 추구, 사회적 책임이다.

비즈니스 환경과 기회 위험 요인을 알아보는 시각이 통찰력이고, 위험이 있더라도 '할 수 있다'라는 정신으로 실천하며 더 나은 사회를 만들고자 결행하는 것이 도전과 혁신이며, 기업의 지속성은 이윤에 기반하므로 적정한 수익 추구는 필수 요소이고, 기업을 둘러싼 사회와 긴밀한 관계를 통해 사회적 이익까지 고려하는 자세가 사회적 책임이다.

다양한 경험도 도움이 되며, 여러 분야에 관한 관심은 물론 지식과 메커니즘을 이해하기 위한 자세 또한 기업가정신을 키우는 데 도움이 된다. 무엇보다 자신을 신뢰하는 태도가 중요하다. 그리고 성공한 기업가들을 다양하게 살펴보고 연구해 보면, 기업가정신을 이해하고 자신이 추구할 수 있는 구체적 모델도 정할 수 있다. 그러므로 기업가정신은 당신이 소득을 늘릴 수 있는 정신적 토양과 같다.

G 씨는(46년생)는 35년 전 K사를 설립했다. 그는 젊은 시절 독일에 가서 기술을 배워야겠다고 다짐했다. 80년대 한국의 기술은 한계가 많다고 여긴 G 대표는 독일의 Z사에 취직하여 기술을 하나씩 익히고 비즈니스의 부가가치를 깨우쳤다. 이후 한국에 돌아와 회사를 창업하고 현재까지 한국에서 독보적 기술력(기계구조 전문가)으로 승부하여 탄탄한 입지를 구축했다. 그리고 기업가정신으로 무장된 그는 기업의 사회적 책임은 물론 한국에 필요한 기술 이전 등을 실천하고 있다. 심지어 그의 기업을 탐내는 사모펀드에서는 M&A 요청이 계속 들어오고 있다. 강소기업으로 인정받는 기업의 가치는 약 1,000억 원 가까운 수준이다.

G 씨는 예전 기업에서 받던 월급과 지금의 수준은 가히 비교 불가일 정도다. 참고로 대기업 부장급 연봉 수준이 그의 월 소득이다. 그리고 기업의 사회적 책임에도 적극적이다. 그의 기업가정신이 일군 결과이다.

M사 대표인 K 씨(71년생)는 10년 전(前) 개인 사업을 시작했다. 이전에는 중소기업에서 차장으로 근무하며 빠듯한 소득을 받았

다. 작은 기업이라 급여도 동종업계에 비해 낮은 수준이었다. 그러던 그는 기업가정신을 가지고 본인이 직접 사업에 도전했다. 그렇게 M사는 시작되었다. 음향 사업에서 시작하여 지금은 기술 개발과 함께 미디어 사업 전 영역으로 확대했다. 고객의 만족을 최우선으로 추구하며 기술력으로 승부하고자 연구개발 및 기술 향상을 위해 아낌없이 투자하고 있다.

K 씨는 직원 수 10여 명밖에 되지 않는 작은 기업을 운영하고 있지만 직원들과 한마음으로 사업을 단단하게 키워가고 있다. 지금도 그는 기업가정신을 가지고 시장에 계속 도전하고 있다. 그의 열심에 감동한 많은 업체는 기꺼이 고정 고객이 되었다.

영업 이익률은 두 자리를 기록하며 높은 수준을 유지하고 있고, 직원들의 평균 연봉도 동종업계에서 상위 수준이다. K 대표의 소득은 대기업 임원급이다. 앞으로 그는 강소기업으로 남고자 기업을 계속 혁신하며 건강하게 운영할 계획이다.

이 외에도 『부의 추월차선』의 저자 엠제이도 기업가정신을 가지고 소득의 경계를 허문 대표적 사례이다. 여러 번 실패를 거듭하면서도 도전을 멈추지 않고 성공을 거둔 『돈의 속성』의 저자인 김승호 회장과 셔츠 공장 생산 직원에서 유럽 최고의 스시 도시락 회사 회장이 된 캘리 최를 통해 기업가정신을 충만히 배울 수 있다.

누구나 소득을 높이고 싶은 마음은 가지고 있을 것이다. 단지 마음에만 머물고 행동으로 이어지지 못하는 경우가 태반이다.

다니는 직장만 무탈하게 다니면 된다는 안일한 생각은 곧 위기를 맞을 수 있다.

당신의 노후를 위해 실력을 재정비하고 칼날을 새롭게 다듬어라. 주위의 인맥을 소중히 여기고 잘 가꾸어라. 그리고 시간을 잘 관리하되 소득과 연관하여 가치 있게 활용하라. 시장의 변동성에도 흔들리지 않도록 시간을 견디어라. 기업가정신은 소득에 얽매이지 않아도 될 만큼 소득이 쌓이는 결과를 선사할 것이다.

소득을 늘릴 방법을 모색해야 한다.

경제적 자유를 위한 다양한 파이프라인

노후에 필요한 금액과 조달 가능한 금액은 생활비, 자산 포트폴리오 실적 현황, 위험 감수 능력, 생존 예상 기간 등의 요인에 따라 달라질 것이다. 이를 통해 노후 자금 필요액 산정에 다양한 요인이 얽혀있음을 알 수 있다.

노벨 경제학상 수상자 윌리엄 F. 샤프 교수는 "은퇴 자금 운용이 가장 어렵고 고약한 작업이다"라고 했으니 노후 자금을 준비하는 것이 상당한 고민과 주의가 요구되는 과정이 될 수 있다.[16]

---

16 Peter Coy, "How to enjoy Retirement without going broke", New York Times, August 27, 2021.

미국에서는 매년 은퇴 전 소득의 80~90%를 조달하도록 준비하라고 권한다는 조사도 있다.[17] 간단히 말하면, 은퇴 전과 후의 삶이 잘 연결될 수 있도록 노후 자금 마련이 되어야 한다는 것이다.

우리가 종종 접하는 용어 중 '적정 노후 생활비'라는 단어가 있다. 적정 노후 생활비가 '개인 기준으로 얼마다', '부부 기준으로 얼마다' 이런 표현을 자주 접한다. 설문조사를 통하여 금액이 얼마인지 제시하는 데 국민연금연구원에서 발표하는 적정 노후 생활비가 가장 대표적인 내용이다. 그렇다면 적정 노후 생활비는 무엇을 말하는 것일까?

국민연금연구원에서 발표한 적정 노후 생활비는 부부(또는 개인)에게 특별한 질병이 없는 건강한 노년과 평범한 생활을 전제로 한 비용이다. 기본적인 생활(표준적인 생활)을 하기에 부족함이 없는 수준의 생활비를 일컫는다. 자녀 결혼이나 부부에게 갑작스러운 일이 발생하여 목돈이 들어가는 경우가 없는 경우를 가정하여 응답한 생활비라는 의미다. 그러나 노후에는 생각하지도 못한 일이 발생하는 경우가 생긴다. 질병으로 인한 의료비 지출이 생애 기간 중 가장 많이 발생하며 특히 중대 질병이나 상해로 인한 목돈을 지출하는 경우가 많다. 노후 의료비의 증가

---

17 "How much do you really need to save for Retirement?", Merrill, accessed August 12, 2021 ; "How much money do you need to Retire?" AARP, January 6, 2021

속도도 빠를 뿐 아니라 80대 이후부터는 의료비의 비중이 급격히 높아진다. 더욱이 간병비 지출이 발생한다면 심각한 경제적 어려움에 놓이게 된다.

우리는 금방 알아챌 수 있다. 적정생활비는 언제든 부족 생활비가 될 수 있다는 것을 말이다. 그러므로 노후 적정생활비만 있으면 충분할 것이라는 함정에 빠져서는 안 된다.

또 다른 이유가 있다. 가족 구성원에게 목돈이 한꺼번에 지출되는 경우도 발생한다. 자녀의 독립 상태에 따라 다르겠으나 자녀 유학 비용, 결혼 비용, 심지어 자녀가 요청하는 사업 비용 등을 마주하면 노후 생활을 안정적으로 누리고 있다 할지라도 빨간불이 켜진다. 그러므로 적정생활비가 어느 정도라고 발표한 내용은 일종의 데이터 수치로만 생각하고 본인의 상황에 따른 노후 현금 흐름은 충분히 준비해야 한다.

부부 기준 적정 노후 생활비의 최소한 2~3배 이상의 현금 흐름을 창출할 필요성이 있다. 그래야 다양한 상황 변화에 대응할 여력이 생긴다. 그리고 젊은 시기보다 민간 보험 관련 보험료의 급격한 상승이 예상되기 때문에 이에 대한 대비도 동시에 필요하다. 따라서 노후 경제적 자유를 위한 파이프라인을 다양하게 구성하고 현금 흐름의 규모도 미리 확장해서 대비해야 한다.

앞서 언급한 노후 소득의 9가지 중에서 접근성이 용이한 사항을 중심으로 소득 파이프라인을 준비하고 현금 흐름을 늘려갈 수 있는지 살펴보자. 다다익선, 파이프라인을 다양하게 준비한다는 마음가짐과 함께 말이다.

첫째, 연금소득 파이프라인이다.

지금까지 충분히 강조했지만 다시 한번 노후의 경제적 자유의 시작은 무조건 연금소득이다. 연금소득의 준비 없는 다른 소득의 준비는 기본기도 갖추지 않고 잠재적 리스크를 가지고 노후를 맞이하는 격이다. 그러므로 노후 생활의 최소한 보장이 연금이라고 생각하면 된다.

맞벌이 부부의 경우 유리한 면이 있으나 부부 모두 연금의 규모를 충분히 준비하도록 예상 연금 수령액과 퇴직연금, 개인연금, 연금보험 등의 납입 사항을 다시 챙겨 보기를 권한다. 홑벌이도 동일한 원칙을 적용하여 연금을 준비할 필요가 있다. 심지어 싱글도 마찬가지다.

참고로 부부 20년 이상 납입 시 합산 국민연금은 200만 원 정도 수령 가능하다고 한다.[18] 또한 국민연금을 준비하면서 고려해야 할 요소는 낮은 소득대체율이다. 소득대체율이란 연금 가입 기간의 평균 소득에 대하여 받을 연금액이 얼마의 비율을 차지하는지를 나타내는 것이다. 일종의 소득 커버율이라고 할 수 있다. 소득대체율이 40%까지 낮아지기 때문에 이에 대한 보완책으로 사적연금을 적극 활용하여 낮은 대체율을 메워야 한다.

---

18 국민연금연구원

연금은 당신이 누릴 노후 생활에서 아무리 강조해도 지나침이 없다. 노후 경제적 자유를 위한 1차 준비이다.

둘째, 부동산 소득 파이프라인이다.
부동산 임대 소득을 준비하면서 남의 조언만 듣고 접근해서는 곤란하다. 스스로 알아보고 본인과 함께 배우자도 충분히 납득되어야 한다. 은퇴가 가까울수록 시세차익에 중점을 두기보다 현금 흐름에 중점을 두고 부동산 매입을 시도하는 것이 좋다.

부동산은 보통 큰돈이 소요되기 때문에 일찍부터 차근차근 준비해야 한다. 만약 수익형 부동산을 통해 현금 흐름을 만들게 되면 다양한 기회요인이 생긴다. 노후까지 충분한 시간이 있는 사람의 경우 시세차익을 동시에 기대할 수 있기 때문에 수익형 부동산의 덩치를 조금씩 키워갈 수 있다. 물론 현금 흐름도 증가하게 된다. 그래서 연금과 마찬가지로 부동산 준비도 일찍 시작하는 것이 유리하다.

노후의 최대 적은 인플레이션이라고 언급했는데, 수익형 부동산은 월세 인상 등을 통해 인플레이션을 일부분이라도 방어할 수 있는 좋은 대안이다.

셋째, 금융소득 파이프라인이다.
금융 소득이 곁들여지면 노후는 한결 풍성해질 것이다. 최근에는 배당소득을 활용하는 상품 출시가 이어지고 있다. 배당소득은 배당률 지급 방법, 지급 시기 등을 고려한 다양한 상품으로 구성하면 노후 생활에 대비한 파이프라인으로 활용하기에 적합하다.

국내뿐 아니라 해외 배당소득을 얻는 금융상품도 다수 존재한다. 이러한 금융상품은 노후 생활을 위한 파이프라인으로 사용할 수 있다. 배당 주식의 가치 상승은 별개라 하더라도 현금 흐름을 만들기에는 도움이 된다. 금리가 높은 시기 이자도 크게 도움이 되기 때문에 일반 금융상품의 적극적 활용도 고려할 만하다.

넷째, 지식, 노동 등 개인의 능력을 활용한 파이프라인이다.

노후에 도움이 된다면, 생애 주된 일과 무관한 기술이라도 익혀두고 지식 재산권, 각종 강의, SNS 활용 정보 생산자 등 지식을 활용할 수 있다면 금상첨화다. 또한 유/무형의 상품을 판매하는 영업에 대한 열린 마음을 소유하고 영업 능력을 갖추면 소득 창출에 효과적이고 이전보다 많은 소득의 기회를 얻을 수도 있다. 그리고 나이에 구애받지 않기에 개인의 역량을 충분히 활용할 만한 분야에 해당한다.

어느 특정 금융회사[19]는 영업인들에게 평소 실적에 비례하여 노후 연금처럼 평생 지급하는 프로모션을 실시하여 많은 이들

---

19 예. 외국계 M 금융서비스

에게 호응을 얻고 있는 사례도 있다고 하니 주위를 잘 살펴보라.

　기술(자격)을 취득하여 노후를 대비하는 적극적 자세도 필요하다. 노후에 가져야 할 기술은 첫째 혼자 설 수 있는 것, 둘째 다른 사람보다 잘할 수 있는 것(차별성), 셋째 돈을 벌 수 있어야 하며, 넷째 자신이 좋아하는 것을 중심으로 기술을 익히는 것이 좋다. 그리고 손으로 하는 다품종 소량생산기술이 효용가치가 높을 수 있다는 사실도 인지하고 있어야 한다.

　그렇다면 구체적인 기술 직업군은 무엇일까? 오래전 '성공 인생 후반전(EBS 방송)'에 소개된 직업군은 다음과 같다. 방문교육지도사, 한자 지도사, 방과 후 지도사, 전통놀이 강사, 실버 모델, 바리스타, 야생화 강사, 동물 해설사, 마술 봉사, 숲 해설가, 목공예, 도자기 굽기, 실버 밴드, 닥종이 인형 작가, 실버 기자, 케일 디자이너 등이다.

　최근 산업인력공단(2023년)의 자료를 보면 지게차, 산업기계, 벽지 기술, 인테리어 자격 등이 자격 취득의 인기 순위로 나타났다. 중대재해 처벌법이 강화되면서 산업 현장에는 산업 안전 전문가의 수요가 늘어나고 있다. 그래서인지 산업안전 관리 관련 자격에도 응시자가 늘고 있다. 이 외에 본인이 도전할 수 있는 다양한 직업이 있을 수 있으니 적극적인 자세로 임해보자. 노후 준비는 아는 것이 아니라 하는 것이 힘이다.

다섯째, 파이프라인 준비와 함께 세금, 사회보험비용 최소화를 위해 노력해야 한다.

기억해야 하는 명제가 있다. 수익을 높이고자 노력하기 앞서서 손실이나 비용의 최소화가 선행되어야 한다는 것이다. 절세의 큰 틀은 분산과 공제를 활용하는 전략에서 나오는데 개인에게 맞는 방법론을 모색하는 노력과 전문성이 필요하다.

사회보험(국민건강보험 등)과 관련하여 부과 기준을 잘 살펴보고 비용을 최소화하는 구체적 대안을 만들면 도움이 된다. 본인이 해결하기 어렵다면, 전문가의 도움을 받아도 좋다(뒷장에서 자세히 언급하겠다).

노후 파산의 주요인 중 의료비 부담이 큰 비중을 차지한다. 생활비 등은 예측 가능하지만 의료비는 예측과 조절이 어렵다. 어려움이 있다고 하더라도 의료비 대비가 필요하다.

의료비에 대비하는 보편적 방법은 보험을 활용하는 것이다. 그런데 보험 가입 시 과다, 중복, 부실 등 마구잡이식이 많다. 보험 관리의 중요성과 함께 최적의 보험료로 높은 효과를 기대하는 보험 가입으로 전환도 고려할 만하다. 이것은 비용을 절감하는 매우 효과적인 방법이다. 비용은 줄이되 의료비 보장을 최적화하는 보험 가입은 노후 의료비 부담을 줄일 수 방법 중 하나다.

노후에는 예상하지 못한 많은 사건이 일어날 수 있다. 파이프라인을 다양하게 만들고자 노력해야 하는 것도 여러 위기에 대응하기 위함이다. 적당한 은퇴 자금만 있으면 되리라는 생각에 준비를 소홀히 하면 돌발 사건이 발생한 경우에 대처하기 어렵다. 누군가의 도움이 없다면 해결하지 못할 수 있다. 다양한 노후 소득 생성 루트 확보, 곧 소득 포트폴리오가 위기에 대처하는 힘을 갖는 것이다.

노후에는 두 가지 이상의 소득을 발생시킬 수 있어야 위험 대응력이 생기고 노후의 품격을 유지할 수 있다. 누구에게 의지할 부분이 아니다. 그러므로 노후에는 다다익선이다.

13장

어디 경제적 자유뿐이랴

13장

어디 경제적 자유뿐이랴

절세와 사회보험, 제대로 알고 대처하자

노후에 또 다른 관심사항은 세금을 포함하여 간접세와 같은 건강보험료 등 고정 지출을 최소화하는 것이다. 조금씩 내용을 알고자 노력한다면 고정 지출을 줄이는 데 큰 도움을 받을 수 있다.

절세는 납세 절차에 따라 부과되는 세금을 합법적으로 줄이는 방법을 모색하는 일체의 행위를 말한다. 절세의 필요성은 누구나 알고 있지만 실제로 구체적 방안을 모색하는 것은 남다른 노력을 요한다. 심지어 세무전문가들도 해당 분야 경험자를 만나야 의미가 있는데, 적합한 전문가를 찾는 것도 만만치 않다.

세금 과세 이전에 대비하지 않았다면 절세 기회는 놓치기 일쑤다. 최소한 절세의 큰 틀을 이해하고 전문가의 조언을 들은 뒤에 미리 준비한다면 과세 대응에 효과적일 것이다.

개인의 상황과 과세 내용에 따라 절세 대응 시나리오도 달라질 수 있다. 하지만 개인적 상황 차이에도 절세에 대한 큰 그림을 충분히 이해하고 접근해야 함에는 예외가 없다. 또한 세금에 관한 한 그 내용이 복잡하고 어렵기 때문에 전문가의 도움이 필요하다. 경험과 실력을 겸비한 전문가를 옆에 두고 도움을 받아야 한다. 금융기관 소속 전문가와 협업하는 것도 효과적이다. 특정 분야[1]에 특화된 전문가는 축적된 경험이 많을수록 뛰어난 역량을 발휘하곤 한다.

절세는 크게 두 가지 개념으로 접근할 수 있다. 바로 분산과 공제라는 개념이다. 분산과 공제를 어떤 방식으로 활용하여 세금설계를 하느냐가 절세의 관건이다. 참고로 분산과 공제는 동시 적용되는 경우가 허다하다.

먼저 분산이 무엇인지 구체적인 내용을 살펴보자. 분산은 말 그대로 나누는 것이다. 분산의 구체적인 적용 포인트는 과세 내용을 살펴보는 것에서 얻을 수 있다. 일반적으로 과세는 인별(人別) 과세, 기간별 과세, 과세 대상, 원천소득에 따라 과세절차를 진행한다. 그렇다면 분산은 어떻게 할 수 있을까?

인별(人別) 과세 측면에서 적용 방법을 살펴보자. 인별(人別) 과세 분산은 바로 소득 받는 사람, 즉 소득 수령자를 분산하여 절

---

[1] 상속, 증여, 부동산, 노후, 투자 등

세하는 것이다.

예를 들어 자녀가 일정 금액을 증여받아 증여받은 자산으로 소득을 창출한다고 가정해 보자. 먼저 한 자녀(성인)가 증여받은 재산 1억 원으로 매년 2천만 원의 소득을 창출하는 경우와 동일한 1억 원의 재산을 두 자녀에게 나누어 증여하고 두 사람이 각각 1천만 원씩 매년 소득을 발생시키는 경우로 가정해 보자.

이 경우 과세 금액이 어떻게 달라지는지 절세 혜택이 어느 정도인지 알아보자. 우선 계산의 편이를 위해 단순화하여 세금계산을 진행한다.[2] 1억 원을 성인 자녀 1인에게 증여할 경우, 증여세 면제 한도인 5천만 원 초과분인 5천만 원에 대해서 과세된다.[3] 증여 후 매년 발생하는 소득 2천만 원이 과세표준액이 되므로 세율 15%와 누진 공제액(126만 원)을 감안한 금액이 납부해야 할 세금이 된다.

1억 원을 자녀 1인에게 증여할 경우

- 증여분 　　　　100,000,000원
- 증여세 면제분 　50,000,000원
- 증여세 과세분 　50,000,000원(증여세 10%, 지방세 제외)
- 연소득창출 　　20,000,000원(과세표준의 15% - 누진공제액 1,260,000) = 1,740,000원

- 총 세액 　　　　증여세 5,000,000원 + 연간소득세 1,740,000원 = 6,740,000원

반면 2인에게 분산 증여할 경우, 인당 5천만 원씩 공제받으므로 증여세는 없으며 각자 매년 1천 원씩 발행하는 소득에서 세율 6%와 누진 공제액[4]을 감안한 세금이 인당 60만 원 부과되어 합산 120만 원이 된다.

1억 원을 자녀 2인에게 동일하게 분산 증여할 경우

- 1인 증여분   50,000,000원
- 증여세 면제분 50,000,000원
- 증여세 과세분 0원
- 연소득창출   10,000,000원(과세표준의 6% - 누진공제액)
             = 600,000원
             2인 합산 1,200,000원

- 총 세액   증여세 0원 + 연간소득세 1,200,000원
             = 1,200,000원

    1인에게 증여하고 2인에게 증여하는 것의 차이를 정리하면, 1인 증여에 따른 세액은 증여세 5백만 원과 연간 소득세 174만 원이고, 2인에게 동일 금액을 나누어 증여한 경우 소득 발생 시 총 세액은 연간 발생 소득세 120만 원(1인당 60만 원)이 전부다.

---

2 발생 소득을 과세표준액으로 가정
3 증여세 10%기준, 지방세 제외
4 최저세율이므로 누진공제액은 없음

그래서 동일한 금액을 2인에게 증여할 경우 절세 혜택을 보면, 1차 연도는 554만 원(674만 원-120만원)이 절세되었고, 2차 연도부터는 매년 54만 원(174만 원-120만 원)이 절세되는 셈이다.

현실적으로 각종 공제 항목(표준공제, 인적공제 등)은 인당 적용되기 때문에 2인의 소득세는 1인의 소득세보다 현저히 줄어들 수밖에 없다. 만약 증여를 활용해 배당소득을 만든다고 가정하더라도 일정 소득(2천만 원)까지 분리과세를 통해 절약할 수 있으므로 효과적이라고 할 수 있다. 따라서 절세에 있어 분산은 중요하면서도 효과적인 방법이며 그 개념을 잘 활용하면 도움이 된다.[5]

다음은 공제가 절세에 얼마나 크게 영향을 미치는지 확인해 보자. 먼저 배우자 공제를 활용하자. 배우자 공제는 배우자 상속 지분을 기준으로 최대 30억까지 공제받을 수 있어서 상속세를 줄일 수 있는 방법이다. 예를 들어 상속 시 배우자가 있다면 배우자 공제를 활용할 수 있다.

중소기업의 경우라면 가업상속 공제 제도를 주목해 보자. 가업상속 공제란 계속적 기업으로 존속할 수 있도록 돕는 공제제도로 가업상속 공제를 통해 최대 600억 원까지 공제해 주고 있는데 적극 활용하면 절세의 효과가 무척 클 것이다.

---

[5] 현행법은 가족 간 10년 단위로 증여세를 일정 금액 면제해 준다. 부부간 증여는 6억 원, 성인 자녀는 5000만 원, 미성년자는 2000만 원까지다. 형제나 친족 사이에서는 1000만 원까지다.(2024년 2월 9일 기준)

아래 사례를 보면 공제에 의한 절세 규모가 가히 대단함을 확인할 수 있다.

가업상속공제 적용 시 세액 비교 예시

가업상속공제 비(非)적용 시	구분	가업상속공제 적용 시
600억	상속재산가액	600억
0	가업상속공제액	(−)600억
(−)5억	일괄공제	(−)5억
595억	상속세 과세표준	0억
10.4억+ (30억 초과액 50%)	세율	−
292.9억	산출세액	0억
(−)8.787억	신고세액 공제(3%)	0억
284.113억	납부세액	0억

가업상속공제를 적용하느냐 그렇지 않느냐에 따라 284억이나 차이가 나는 것을 확인할 수 있다. 절세 규모가 기업 존립에 영향을 미칠 정도로 크다. 이 외에도 공제 혜택은 무척이나 다양하기 때문에 소득에 따라 잘 활용하는 것이 좋은 대처방법이다. 분산과 공제를 동시 활용한 절세 사례도 있다. 가볍게 살펴보자.

K 씨(65세)는 30년 전에 매입한 땅 5천 평(1인 소유)을 최근에

팔려고 했으나 양도소득세 금액이 생각보다 큰 금액이라 고민에 빠졌다. 양도소득세를 절세하는 방법은 없을까?

우선 배우자에게 소유권의 일부를 이전한다. 배우자의 증여공제금액은 10년간 6억[6]이므로 범위 이내에서 공동 소유 형태로 추진한다.[7] 이후 본인 소유 부분의 일부를 양도한다. 그리고 몇 년 후 나머지 부분을 아내 소유분과 본인 소유분을 양도하면 최초의 양도에 따른 세금보다 세금을 급격히 줄일 수 있다.

수익형 부동산을 보유하고 있으면 매년 사업 소득세 납부 대상자가 되는 데 매년 발생하는 소득과 처분 시 나오는 양도소득에 분산과 공제를 효과적으로 활용할 수 있다. 단, 이와 별도로 다른 종류의 세금이 많으므로 개인의 부동산 보유 현황 등에 따라서 유의해서 접근해야 한다. 취득 시 나오는 세금(취득세)과 보유 시 나오는 세금[8]과 다(多) 주택자는 중과세가 적용되는 것도 있으니 꼼꼼히 살펴서 접근해야 한다.

이는 정부 정책과 방향에 따라 달라질 수 있기 때문에 미리 정보를 취합하고 전문가와 상담을 병행하여 진행하면 효과적이다. 또한 분리과세나 분류과세 적용되는 부분까지 해당 사항이 있는지 따져보는 것도 절세의 방법이다.

간접세라고도 하는 사회보험도 잘 관리해야 할 중요한 부분이

---

6 공제 효과로 증여세 없이도 양도세를 상당히 줄일 수 있다. 취득세는 일부 있다.
7 자녀 등 소유자가 많을수록 좋다. 분산의 효과가 크다.
8 보유세 : 재산세, 종합부동산세

다. 4대 공적 보험으로 알려진 사회보험은 국민연금보험, 국민건강보험, 고용보험, 산업재해보상보험으로 구분하는 데 국민연금보험과 국민건강보험은 노후 생활에서 밀접한 상관성이 있으며, 노후에는 해당 사회보험으로 발생하는 보험료(비용)에 아주 민감해진다.

특히 최근 국민건강보험의 기준이 많이 달라지고 있어 혼란을 겪는 노후 생활자가 많아지고 있다. 예를 들어 국민연금 수령액을 높이기 위해 노력하다가 국민연금액이 월 167만 원 이상이 될 경우 이 금액을 초과하지 않도록 노력하는 연금 수급자가 많다고 한다. 이유인즉 국민연금을 연간 2천만 원(월 167만 원) 초과하여 수령하면 건강보험 피부양자에서 탈락하기 때문이다. 피부양자가 되지 못하면 건강보험 지역가입자로 전환되어 국민건강보험료의 부담이 높아질 수 있다. 재산 수준 등에 따라 달라지겠지만 부과 보험료가 월 수십만 원에 이를 수 있다. 배보다 배꼽이 커지는 상황이 생기는 것이다. 연금수령액을 월 몇 만원 늘리려다 건강보험료를 월 수십만 원을 추가 납부하는 역작용이 생기는 것이다. 이는 노후 생활자의 고민거리가 될 수 있다. 사회보험을 잘 알고 대처해야만 예상하지 못한 일에 대응할 수 있고 비용을 절감할 수 있다.

가장 관심이 높으면서 비용이 크게 발생할 수 있는 국민건강보험 내용을 간략히 알아보자.

국민건강보험은 대상은 각 개인이며(세대가 아님) 크게 가입자와 피부양자로 구분한다. 가입자는 또 직장 가입자와 지역가입자로 나누어 보험료를 부과하는 체계를 가지고 있다. 즉, 건강보험은 피부양자, 직장 가입자, 지역가입자 이렇게 3개의 부과 대상이 있다. 피부양자 조건[9]이 되면 건강보험료 납부 부담에서 제외된다. 피부양자 자격이 되면 노후 생활 건강보험료 비용을 줄이는 탁월한 효과를 누릴 수 있다. 하지만 피부양자 탈락 시 지역가입자로 전환되어 재산과 소득 기준에 따라 점수로 변환하여 건강보험료를 부과하게 된다.[10]

따라서 국민건강보험은 3개의 부과 대상 흐름을 기억하고 순서별로 가입 조건을 고려한 전략을 취하는 게 유리하다. 먼저 피부양자가 될 수 있는지 점검한다. 만약 조건이 불가할 시 직장 가입자가 될 수 있는 안을 모색해야 한다.[11] 직장 가입자가 될 수 있다면 월 국민연금 수령액을 낮추는 노력을 하지 않아도 된다. 이것이 불가할 경우, 임의 계속 가입[12] 방식으로 가입자가 되고 이후 자연스럽게 지역가입자로 전환되는 순서를 활용하면 보험료 절감에 도움이 된다. 물론 임의가입과 지역 가입 시 보

---

9 소득조건, 재산조건 등 충족해야 함
10 소득, 재산에 따른 점수에 208.4원(2024년도 기준) 곱하면 보험료가 계산됨
11 직장인으로 재취업함
12 직장 가입자 당시의 보험료 기준으로 3년 동안 유지할 수 있는 제도임. 이외 농어촌 읍면(도농복합 지역, 소득 500만 원 이하 조건) 거주민인 경우 보험료의 22% 할인하여 적용하는 농어촌 경감 지역가입자 제도도 있다. 그리고 농사를 짓는 것이 증명되면 농업인 경감제도에서 추가로 28% 할인되어 최대 50%까지 보험료가 줄어들 수 있다.

험료 비교는 공단을 통해 확인하고 저렴한 보험료를 선별하여 유리한 자격으로 납부하면 된다.

수익형 부동산을 소유하고 있을 경우 조건에 따라 건강보험료를 줄일 수 있는 방법이 있다. 즉 직장 가입자가 될 수 있는 방안이 있다. 수익형 부동산을 소유하면 노후 소득 흐름뿐 아니라 생각지 못한 좋은 장점이 많다. 노후에 가능하면 수익형 부동산을 통한 파이프라인을 만들고 이를 적극적으로 활용할 가치가 어떤 투자처보다 높다고 할 수 있다. 그렇게 되면 국민연금액을 줄이기 위한 역설적 상황도 피할 수 있다.[13]

이렇듯 수익형 부동산은 노후 경제적 자유를 달성하기 위한 최선의 노력에 어울리는 투자 대상이다.

최근 노후의 세금관리와 사회보험 관리의 중요성이 점점 높아지고 있다. 비용 관리 측면에서 노후 생활자들은 그 중요성을 실감하고 있다. 그리고 노후 경제적 자유를 위해서도 절세와 사회보험의 대응전략이 필요하다. 이에 대한 노력과 능력을 갖추면 노후에 가처분 소득을 높이는 효과를 거둘 수 있기 때문에 중요성이 갈수록 커지고 있다.

개인별로 사정이 다양하기 때문에 개별 최적의 솔루션을 찾아서 대응해야 하며 이는 경제적 자유를 이루고자 열심히 달려가

---

13 역설적 상황이란 연금액을 많이 받도록 노력하는 게 당연함에도 불구하고 국민건강보험료 부과라는 상황 때문에 국민연금 수령액을 줄이려는 행위

는 모두에게 더욱 절실히 요구되는 바다. 대응이 부족하면 이에 대한 스트레스도 노후에는 무시할 수 없음을 명심하자.

노후, 어디 경계적 자유뿐이랴!

노후 행복은 그냥 주어지지 않는다. 당신이 그동안 적립한 행복량에 달려 있다.

우리나라 정서는 열심히 사는 것을 미덕으로 여긴다. 즉, 우리는 부지런함을 덕목으로 생각하는 민족이다. 근면한 국민성, 이것은 우리의 자부심이자 일종의 유전인자처럼 느껴진다.

우리나라 국민의 이런 근면성은 세계 어디에 있어도 어렵지 않게 찾아볼 수 있다. 부지런한 기질은 우리 국민이 해외 곳곳에서 뿌리내리고 성공적으로 정착하는 큰 힘이기도 하다. 이렇듯 국내나 해외 관계없이 각 사회나 지역공동체에서 묵묵히 주어진 일을 해내는 것을 당연하게 생각하는 민족이 바로 우리 국민이다.

일을 사랑하며 열심히 살다 보면 어느덧 은퇴와 마주친다. 100미터 달리기하듯이 치열하게 그리고 성실하게 살다가 마주하는 은퇴 앞에서 아마 여러 감정이 교차할 터이다. 그렇게 마주하는 노후는 어떤 모습일까? 너무 많은 여유 시간, 존재감과 정체성의 변화, 사회 역할론 축소 등 애써 무덤덤하게 받아들이려 하지만 적응하기까지 상당한 시간이 걸릴지 모를 일이다.

우리가 노후의 경제적 자유를 위해 노력해야 이유는 이런 삶의 급작스러운 환경 변화에 적응하기 위함이요, 개인의 존엄을 계속 유지하기 위함이고, 자녀나 다른 가족에게 부담을 주기보다 도움이 되려는 헌신의 마음이요, 무엇보다 경제적 자유로 개인이 하고 싶은 노후 활동을 자유롭게 누리고자 함이다.

하고 싶은 것을 할 수 있고, 생활하는 데 중요하거나 필요 요소를 제때 공급받고 소비하며 최소한의 생리적 욕구와 안전한 욕구를 채우고 만나고 싶은 사람 또는 사랑하는 사람과 오랫동안 함께 하고 삶의 필요를 채워주는 것이 경제적 자유를 통해 추구하는 생활 모습이다.

젊어서는 자기의 원대로 행동하지만 늙어서는 타인에 의해 좌지우지되지 않도록 자기 의사결정권을 자유롭게 만들어 주는 것이 노후 경제력이다. 오히려 바쁘게 산다고 놓쳐버린 수많은 삶의 요소를 채워가며 젊은 시절보다 더욱 풍성하게 노후를 보낼 수도 있다.

노후를 상상해 보았는가? 이제라도 노후 삶을 상상해 보자. 주어진 많은 여유 시간을 당신의 이웃을 섬길 기회로 삼을 수도 있으며, 특히 사회적 약자를 겸손함으로 돌아보며 그들의 필요를 채워주는 봉사활동을 지속할 수 있으며, 지금까지 배워보지 못한 다양한 취미를 익혀서 소소함의 행복을 맛볼 수 있으며, 청년이나 사회 중장년에 필요한 멘토가 될 수도 있으며, 경제적 빈곤을 겪는 또 다른 누군가에게 필요한 공급원으로 섬길 수도 있다. 열심히 산다고 바빴던 지난 시절보다 노후를 더욱 보람되게 보낼 수 있다.

　목표만을 향해 달리느라 주위를 돌아보지 못했다면 돌아볼 여유도 가질 수 있다. 올라갈 때 보다 내려올 때 더욱 여유로워야 하지 않겠는가? 당신의 노후는 당신의 그 어떤 시절보다 아름다울 수 있는 기회를 많이 가질 것이다.

　노후에 더욱 아름다울 당신, 이전보다 건강을 더 챙겨 볼 수 있으며 가족에게 더 많은 시간을 할애하여 함께할 수 있고, 동시에 대화를 풍성히 하는 기회를 가질 수 있는 것은 노후의 특권이다.

　부부가 함께 취미 부자가 되는 경우를 상상해 보라. 노후의 삶이 얼마나 역동적이겠는가! 성지순례는 물론이고 당신이 믿는 종교에 더욱 진지하면서도 심오한 진리를 깨달아 갈 수 있는 시간이 노후이며 시간에 매이지 않고 여행하는 기쁨도 노후에는 가능하다.

　세상의 다양한 문화, 풍습, 민족 등을 만날 기회가 지천이다. 거룩한 봉사를 할 기회가 열려있는 계절이 노후의 때다. 당신이 좋아하는 음악을 누구의 방해 없이 들을 수 있는 것은 물론이고 전 세계 어디에서든 보고 싶은 뉴진스, 임영웅, 크로스오버 그룹 포레스텔라 그리고 안드레아 보첼리의 공연을 볼 수 있다.

　수일에 걸쳐 여유 있게 국립 중앙 박물관을 관람할 수 있고 아트페어이자 미술축제인 키아프 서울, 아트 부산 등도 편안히 참관할 수 있다. 가까이 있지만 가보지 못했던 부산국제영화제나 부천영화제는 어떤가? 캣츠와 라이언킹 뮤지컬은 물론이고 뉴욕 메트로폴리탄 미술관과 스페인 마드리드의 프라도 미술관을 충분한 시간을 들여 관람할 수 있다. 한국 선수가 있는 메이저리그나 유럽리그의 축구 경기를 직접 관람하는 것은 또 하나의 특권이 될 수 있다.

좋아하는 자연을 세밀히 느끼고 체험할 수 있으며 심지어 어떤 분야의 대가가 될 수도 있다. 그동안 바쁜 일상을 핑계로 자주 보지 못했던 친구들과도 편하게 만날 수 있으며, 당신이 이전에 보지 못한 동네 풍경을 자세히 관찰할 수도 있다. 당신이 평소 좋아하는 식도락 여행도 기다리고 있을 것이다. 노후에 자유를 가졌다고 하는 것은 바로 이런 것 아닐까?

다양한 주제와 만날 수 있는 때가 바로 노후의 삶이다. 노후 삶과 연결된 그 어떤 것과도 만날 수 있을 것이다. 노후와 예술은 어떻게 보면 꽤나 잘 어울린다. 예술을 이해하고 인생을 이해할 충분한 아량과 경험을 겸비한 나이이기도 하며 예술은 당신의 노후 삶을 더욱 풍부하게 영위하도록 도움을 줄 수 있다.

노후는 그 어느 때보다도 건강에 대한 관심이 증가하는 시기다. 의료가 가장 필요한 시기이기도 하지만 식생활을 통한 영양 섭취를 어떻게 유지해 갈 것이지 어떤 시기보다 중요한 시기이기도 하다.

건강에 해로운 습관을 고치고 식단 조절을 통한 건강 나이를 젊게 유지할 수 있는 기회가 있는 시기이기도 하다. 나에게 맞는 운동을 찾고 배우자와 함께 즐길 수 있는 적합한 기회가 얼마든지 있다. 마음의 평안과 노후의 심리적 안정감을 어떻게 유지하며 혹 질병이나 신체적 상해에 대한 치료와 회복을 어떻게 할지 건강 관련 주제는 노후의 삶과 직결된다.

노후 주거라는 주제도 중요하다. 현재 지내는 주거지에 계속 머물 것인가는 은퇴자에게 중요한 결정사항이다.

2020년 자료(美)에 의하면 은퇴자의 절반가량이 살고 있는 주택에 계속 지내고 있으며, 17% 정도는 새집으로 이사하여 사망할 때까지 지내는 것으로 나타났으며, 16%는 기존 주택에서 80대까지 살다가 실버타운으로 옮기는 것을 선택했다. 그리고 14%는 은퇴 후 주거지를 여러 차례 옮겨 다니는 것으로 조사되었다.[14]

은퇴자에게 주거지 변경은 삶의 큰 영향을 끼치는 요소다. 익숙한 곳에 계속 머물 것이냐 새로운 곳을 선택할 것이냐는 노년의 삶에 큰 부분을 차지한다. 주거지 변경 시 주거형태와 방식의 차이점은 무엇인지, 주변 환경은 어떤 것이 나와 잘 맞고 좋은지, 주택 입지와 노후 생활에 맞는 주거공간 구성은 중요한 사항이다.

이외 노후 주거의 형태, 주거지와 관련한 각종 세금 및 비용 그리고 주거지가 은퇴자에게 제공하는 혜택이 무엇인지 등은 노

14　FED week "Most retirees Never Move to New Home, Study Finds" 2020 March 19

후 주거 관련 중요한 고려 요소가 된다.

나누는 삶의 실천이라는 주제도 의미 있게 생각할 수 있다. '100리 안에 굶어죽는 사람이 없게 하라'는 경주 최 부자 집의 가훈처럼, 위안부 피해자였지만 기부하는 삶을 사신 김군자 할머니처럼, 장애 연금을 나눔에 기꺼이 보태는 누군가처럼, 인형극단에서 봉사와 나눔으로 사회를 따뜻하게 만드는 일에 보탤 수 있으며 연탄 나눔, 김장 나눔, 복지단체에 적은 금액이지만 꾸준하게 기부하는 것, 재능 기부를 통해 나눔을 실천하는 모습을 통해 노후 삶을 더욱 풍요롭게 할 수 있다.

동화 구연하시는 할머니들이 계신다. 이야기 할머니가 되면 유아교육기관을 방문하여 옛이야기를 들려주는 봉사 일을 하실 수 있다. 그런데 이야기 할머니가 되는 데는 어려운 과정이 숨어 있다. 경쟁까지 치열해 5수까지도 각오해야 하기도 한다. 그렇게 어렵게라도 되고 싶어 하는 이유가 무엇인지 아는가? 이런 봉사의 삶이 노후의 삶을 풍성하게 만들기 때문이라고 하신다. 나눔의 삶이 봉사하시는 할머니들의 가슴을 뛰게 만들기 때문이란다.

노후 나눔은 노후의 삶을 풍성하고 아름답게 만들며 인생을 가치 있게 만들어 주는 윤활유와 같은 중요한 요소임은 분명하다.

노후에는 경제적 자유를 기초로 하여 삶을 풍부하게 만들 여러 요소를 채워가야 한다. 거스를 수 없는 노후, 어떻게 맞이할지 대비하는 게 지혜로운 자세다.

  노후, 어찌 경제적 자유뿐이겠는가? 당신이 채워나갈 노후는 지금부터 시작이다.

14장

노년을 위해 필요한 3가지 힘

14장

노년을 위해
필요한 3가지 힘

인간생활에 가장 기본적으로 필요한 세 가지를 의(衣), 식(食), 주(住)로 꼽는다. 이 기본 요소를 위해 경제활동을 했던 인류는 보다 행복한 삶을 추구하면서 생산력을 높이기 시작했고, 경제적 진보도 함께 이루어냈다.

이제 현대인은 행복한 삶을 이루는데 경제적 요소는 필수 요소로 여긴다. 다만 개인마다 중요한 정도가 다르고 그 경제력이 적용되는 영역이 다를 뿐이다.

우리는 저마다 원하는 것을 얻기 위한 수단으로 경제력을 가져야 한다. 경제활동이 줄어드는 노후에도 경제력은 여전히 행복한 삶을 유지하는 데 중요한 요소로 꼽힌다.

건강관리, 사회적 관계 유지, 취미생활, 종교생활, 가족 대소사 등에 어김없이 경제력 즉 돈이 필요하다. 노후에 돈이 없어서 불편하고 곤란한 상황들은 얼마든지 예상되지 않는가?

필자는 노후생활에 가장 필요한 것이 돈이라고 감히 말하고 싶다. 노년기는 경제적 자유가 어느 때보다 중요한 시절이다. 노후의 삶을 바꿀 수 있는 변화의 매개체 또한 경제력이다. 노년의 삶의 질을 생각한다면 노후에도 경제적 자유를 유지하고 싶다면 무엇이 필요할까? 노후의 삶을 바꾸는 경제력 그것을 만들어주는 3가지 조건을 들여다보자.

첫째, 정해진 운명이 아니다. 결단이 필요할 뿐!

당신은 노년의 삶에 대해 어떻게 생각하는가? 노인복지법이 정하는 노인 연령기에 접어들면 자연스레 맞이해야 하는 '늙음(aging)'이라고 생각하는가? 혹은 살아왔던 방식대로 살아가게 되는 자연스런 시간의 연장이라 여기는가?

20대 초반, 대학생이 된 나는 그 시기를 인생의 전환점이라 여겼다. 대학생이 되면 고등학생 때 할 수 없었던 아르바이트를 할 수 있다는 단순한 이유였다. 고등학생 시절에 돈이 필요하여 공사판 새벽 인력시장에 가본 적이 있는데 미성년이라 써주지 않았다. 친분이 있는 어른께 간곡히 부탁도 해보았지만 지금은 공부할 때라며 완강하게 거절하셨다. 그런 경험 때문인지 내게 20대는 아이에서 어른으로의 전환점이며 스스로 경제활동을 할 수 있는 나이가 되었다는 자격 부여로 인식되었다.

더 이상 타인이나 주변 환경에 따라 내 삶이 좌우되지 않아도 되는 때가 20대라 여긴 것이다. 돈을 벌 수 있다면 스스로 경제력을 확보할 수 있는 나이로 인정된다면 남의 눈치나 도움 없이 그럭저럭 삶을 영위할 수 있다는 사실이 나를 무척 행복하게 했다. 반면, 선택의 권한도 경제적 능력도 없던 시절은 어떠했을까?

모자원(母子院)이라는 시설에 대해 들어보았는가? 정부나 종교단체가 운영하는 사회복지시설 중 하나로 배우자가 사망한 미망인과 12세 미만의 자녀를 일시적으로 보호하는 시설이다. 경제적 능력이 부족한 미망인과 부양가족의 공적인 돌봄을 위해 생긴 시설이다. 처음에는 구호시설이었지만 지금은 단기 모자보호시설로 그 역할이 바뀐 것으로 알고 있다.

초등학교 시절, 아버지가 질병으로 돌아가시면서 어머니와 우리 삼남매 네 식구는 모자원이라는 곳에서 3년 정도를 지낸 적이 있다. 3층으로 된 건물이었고 308호가 우리 가족이 거하는 거처였는데, 부엌 딸린 방 한 칸이 전부였다. 그리고 공동화장실, 공동세면실이 있었다. 가족을 부양하기 위해 신발공장을 다닌 어머니의 월급날이면 근처 시장에 있는 빵집에서 빵을 사주셨다. 당시 우리 가족의 유일한 외식이었다.[1]

어머니는 모자원에서 지내던 3년 동안 6백만 원을 모으셨고, 이 돈은 시설에서 독립하는 우리 가족의 전·월세 보증금이 되었

---

1 당시 월급은 봉투에 현금으로 받아오셨는데 30만 원 안팎이었던 걸로 기억한다.

다. 예기치 않은 상실과 결핍을 너무 일찍 경험해버린 까닭에 내일에 대한 기대나 희망은 사치였다.

젊어서 고생은 사서도 한다는 속담이 있듯 어린 시절의 다양한 경제적 경험이 소중한 자산이 되기도 하고 당시 몸소 체험한 고생은 삶을 더욱 견고하게 하는 유익함도 있다. 또한 주어진 모든 상황에 감사하는 훌륭한 인격체로 성숙하게 하기도 한다. 하지만 고생을 겪은 모든 사람이 다 유익하고 희망적인 결과에 이르는 것은 아니라는 것도 사실이다. 아무리 속담이 맞다 해도 고생은 피하고 싶은 대상이다.

어떤 세대든 역경은 어렵고 그것을 이겨내는 과정은 고단하다. 청년 시절의 고생에 담긴 가치가 아무리 보배롭다 한들 고생을 환영하기란 어렵다. 하물며 노년에는 오죽하겠는가! 허락된 시간조차 가늠할 수 없는 시기가 아닌가.

노년의 고생은 맞서기에 벅찬 상대다. 피할 수 있다면 피해야 하고, 예방할 수 있다면 미리 막아야 한다. 그리고 만반의 태세로 대비해야 한다.

당신의 노후생활은 당신이 설계한 대로 만들어진다. 과거의 결과가 현재라는 말처럼 노후의 삶도 마찬가지다. 노후의 삶을 멋지게 가꾸어가기 위해서는 무엇보다 운명론을 버려야 한다. 흘러가는 대로 받아들이는 것이 자연스럽다는 생각도 바꾸는 게 좋다.

노후의 삶도 바꿀 수 있다. 단, 당신의 결단이 지금 필요하다.

결심과 결단에 의해 당신의 노후가 안정적이고 윤택하게 그려질 수 있다. 에이브러햄 링컨[2]의 말을 주목할 필요가 있다.

"'할 수 있다. 잘 될 것이다!'라고 결심하라. 그런 후 방법을 찾아라!"

노후생활, 당신의 미래를 바꾸기 위한 첫 번째 힘은 바로 당신의 결단이다. 지금 바로 결심하라. 당신의 시작이 어떠했든 당신의 노후는 달라야 하지 않겠는가.

> ! *노후를 바꾸는 힘 1 :*
> **노후를 바꾸고자 하는 결연한 마음, 결단력!**

둘째, 단순함, 경제적 자유의 든든한 밑천이 된다

경제적 자유에 대한 기준은 사람에 따라 다양하다. 어떤 이는 월 300만 원의 현금 흐름을 꾸준히 달성하는 것을 기준으로 삼기도 하고, 다른 이는 월 1,000만 원 이상이 있어야 경제적 자유라 느끼기도 한다. 이외 자산의 규모가 어느 수준이 되어야 한다고 주장할 수도 있다.

언젠가 한 예능 프로그램에서 조기 은퇴를 한 K 씨 부부 이야기가 방영되었다. 은퇴 전 국내 굴지의 IT기업에서 기획업무를

---

2 Abraham Lincoln, 미국의 16대 대통령

담당했고 남편 역시 직장인으로 꾸준히 소득을 올리고 있었다. 이 부부는 금수저도 아니고 평범한 가정 출신이었지만 나이 마흔 즈음에 은퇴를 목표로 계획을 세웠다.

계획의 주 내용을 보면, 은퇴 후에 할 일이 무엇인지 은퇴자금은 어떻게 만들지가 핵심이었다. 예를 들면, 은퇴 후 한 달 생활비를 일정 금액으로 설정하고 두 사람이 연금수령 시기까지 필요한 생활비를 저축하기로 했다.

K 씨 부부의 은퇴자금 만들기 계획

- 계획 시점 : 40대 초
- 은퇴 후 예상되는 월 생활비 산정 : 월 250만 원
- 연금 수령시기 : 계획 시점으로부터 15년 후
  ※ 개인연금은 55세부터, 국민연금, 주택연금은 65세부터 연금 수령
- 은퇴자금 목표 : 총 5억 원을 목표로 은퇴 전까지 70% 저축하기

계획을 세운 부부는 5억 원을 목표로 합산소득의 70% 이상을 저축하기 시작한다. 서울의 집을 처분해 지방으로 이사하고 남는 금액을 보태기로 했고 연봉을 높이기 위해 근무 평가와 이직도 감행했다.

부부의 실행 방법은 오로지 열심히 일하고 소비 덜하기[3] 그리

---

3 충동소비 절제 포함

고 무식하리만치 열심히 저축을 실천하는 것이었다.

경제적 자유는 말처럼 쉽지 않다. 자유를 쟁취하기 위해 자유롭지 못한 과정을 반드시 거쳐야 하기도 하고, 짧은 시간에 성취되지도 않는다. 경제적 자유는 집을 짓는 과정과 비슷하다. 기초부터 한 과정 한 과정 단계별로 진행되어야 완성할 수 있는 지난(至難)한 작업이다. 집을 지을 때 터다지기와 같은 기초공사가 매우 중요하다는 건 누구나 아는 만고불변의 진리다.

그렇다면 경제적 자유에서 기초공사와 같은 것은 무엇일까? 바로 단순함이다. 구체적으로 어떤 단순함을 의미하는지 살펴보자.

1. 소득을 초과하는 소비는 절대 금물, 무조건 저축을 실행하라.

이렇게 기본적이고도 단순한 실천이 노후를 바꾸고자 하는 당신의 결심을 더욱 강화시켜 줄 것이다.

우리의 경제생활 가운데 가장 나쁜 빚은 소득을 초과한 소비생활이다. 빚을 누적으로 쌓아가는 마이너스 생활패턴은 반드시 끊겠다는 단순하면서도 끈기 있는 태도가 없다면 밑 빠진 독에 물 붓기와 다름이 없다.

경제적 자유의 90% 이상은 마음가짐, 태도, 생각의 전환이 차지한다고 해도 무방하다. 단순하게 생각하고 끈기 있게 실천하라. 이런저런 조건이 갖춰지면 하겠다는 완벽주의적 생각은 당장 버리는 게 좋다. 무조건 흑자 인생을 살겠다고 다짐하고 소득을 늘리든지 소비를 급격히 감소시키든지 무엇이든 실천하라.

2. 목표를 단순화하여 마음에 새겨라.

재정 목표는 언제까지 얼마를 모으겠다는 숫자의 새김이 있어야 한다. 예를 들어 40세까지 순 자산 10억 원을 달성하겠다고 다짐했다면, 남아있는 시간을 계수하고 현재의 자산을 분석, 모아야 할 금액 및 자산 증가의 규모를 고려하여 목표에 도전하면 된다.

이를테면, 지금부터 3년 내 1억 모으기, 5년 내 3억 모으기 등의 도전을 시작하는 것이다. 혹은 목표금액 대신 목표 기간을 1년으로 정한 뒤 본인의 최대(최선) 저축을 실행하는 도전도 그 결과는 상상 이상으로 놀라울 것이다. 목표가 단순하면 매우 강렬하게 뇌에 각인된다. 강렬한 인식은 행동 주파수를 맞추는 원동력이 된다.

3. 생활을 단순하게 재정비하라.

공부나 자기 계발을 위한 모임을 제외한 각종 오락 모임이나 사교 모임은 일단 미루어 두라. 지금 모임에 소홀하더라도 이해해 주는 사람들이라면 언제든 다시 만날 수 있을 것이고 그렇지 않다면 굳이 지속할 이유가 없는 모임일 가능성이 높다.

목표를 달성하고 나면 그에 어울리는 모임들이 얼마든지 당신을 기다리고 있으니 조급할 필요도 없다. 생활이 단순해지지 않으면 목표 달성은 어렵다.

생활이 단순해지면 재정적 목표 달성에 도움이 되는 경제, 금융, 산업, 부동산, 사업 공부를 할 수 있는 시간도 확보된다. 지출을 줄일 수 있는 생활습관이 형성되고 소득 향상의 기회를 포착할 수 있는 가능성이 점점 커질 것이다.

주말에도 동일한 리듬을 유지하도록 하라. 생활이 단순해지지 않으면 목표 달성은 어렵다. 온갖 모임에 쫓아다니고 이 사람 저 사람 오지랖 넓게 챙기면 당신의 잔고는 마이너스를 벗어나기 어렵다.

4. 소비를 단순하게 하라. 즉 계획된 소비 위주로 지출하는 것이다.

하루, 일주일, 한 달 단위로 반드시 소비되는 지출 항목이 무엇인지 살펴보고 필수 소비를 당신의 통제권 내에서 관리해야 한다.

단순한 소비를 가장 방해하는 요소들이라면 신용카드와 마이너스 통장이 대표적이다. 이는 미래 소득을 현재 지출로 미리 사용하는 습관, 무계획 소비, 충동 소비 등의 촉매제가 되고 있다. 차라리 체크카드나 현금 위주의 소비활동이 도움이 된다. 본인의 소비 중에서 예외적 소비가 무엇인지, 충동 소비(홧김 비용) 지출이 얼마나 빈번히 일어나는지 추적하고 이를 제거해야 한다. 가계부를 활용하면 무계획 지출을 금방 파악할 수 있으며 소비 통제의 기능도 기대할 수 있다.

또 한 가지, 소비 챌린지도 꽤 효과적으로 소비 단순화를 경험할 수 있는 방법이다. 예를 들어 '한 달 30만 원(변동비 개념)으로 살아가기' 챌린지에 도전하는 등의 방식이다. 물론 고정비를 줄이는 노력도 중요하다. 챌린지 실행 직전 3개월의 변동비와 고정비를 구분하여 평균 소비액을 구해보고, 평균 소비액의 1/2 또는 1/3 수준에서 도전 소비 금액을 정하면 불필요한 소비는 줄어들고 가성비 위주의 최소 소비 행태로 바뀌어 갈 것이다. 소비 챌린지로 소비를 단순화해보자.

5. 금융상품을 단순하게 구성하라.

재정 목표에 따른 종잣돈을 모으는 과정에서 금융상품을 복잡하게 구성하는 경우들이 있는데, 단순하게 구성하여 차곡차곡 모아갈 것을 권한다. 5년에 1억 모으기를 시도한다면, 월 167만 원씩 5년 만기 단순 저축 형태로 구성하는 것이다.

초기 종잣돈을 모으기까지 성급하게 생각해서는 안 된다. 성급하면 설령 종잣돈 얼마를 모으더라도 자산을 지키는 것에 서툰 나머지 힘들게 모은 자산이 줄어드는 역효과를 경험할 수 있다. 또 마음이 급하면 투자위험선호 성향만 키우는 우를 범하게 된다.

최근 적은 종잣돈을 빨리 불리고자 어느 주식, 어떤 코인에 투자했다가 결국은 엄청난 손실을 보게 되었다는 뉴스가 자주 회자되는 것을 보면 너무 안타깝다. 상당한 자산을 구비하기 전까지는 최소한의 종잣돈을 모으기 전까지는 계란을 여러 바구니에 나눠 담으면 안 된다. 최소한의 종잣돈을 모으기까지는 포트폴리오가 필요 없다. 그저 한두 가지 금융상품을 활용하여 성실한 저축을 통해 돈이 불어나는 과정을 지켜보는 게 최고의 지름길이다. 동기부여도 되고 추후 당신의 자산을 견고히 지켜가는 데 요동치 않는 힘이 될 것이다.

투자의 첫째 원칙은 손실을 최소화하는 것이지 수익률의 극대화가 아니다. 이해하기도 어려운 금융상품을 기대수익률이라는 이름하에 가입하면 종잣돈을 모으기도 전에 탈진할지도 모른다.

종잣돈이 없으면 경제적 자유는 나의 이야기가 될 수 없다. 단순하게 그리고 차곡차곡 진행하라. 사람들은 스텝 바이 스텝(Step by Step)의 단계별 성장보다 퀀텀 점프(Quantum Jump) 같은 비약적 성장을 선호한다. 또 그렇게 해야만 드라마틱한 성공을 이룬 것처럼 포장한다. 하지만 차곡차곡 모은 종잣돈 없이 획기적인 도약은 없음을 기억해야 한다. 세간에 이슈가 되는 아주 특별한 사례를 보편적 원리로 나에게 적용하는 유혹을 경계해야 한다.

자산을 형성하는 과정에서 이 '단순함'들은 나의 큰 밑천이 되어주었다. 경제생활을 시작한 이래 나는 단 한 번도 마이너스였던 달이 없었다. 대학시절 아르바이트로 동생의 학비를 책임질 때도 마찬가지다.

단순하게 하되 차별화를 통해 경제 능력을 조금씩 키워가는 것. 관심 있는 지식에 소홀하지 않고 누구에게든 배울 부분은 배워가겠다는 단순함. 이 단순함이 우리의 노후를 결정짓는 위대한 힘이다.

> *노후의 삶을 바꾸는 힘 2 :*
> *바위라도 뚫는다. 단순함!*

셋째, 꾸준함은 그 무엇보다 강하다

30~40대 젊은 세대 사이에 급속도로 확산되고 있는 사회적 현상이 있다. 다름 아닌 파이어족 열풍이다.

파이어(FIRE)족이란 경제적으로 자립(Financial Independence)하여 직장에서 자발적으로 조기 은퇴(Retire Early)를 실천하는 사람들을 가리킨다. 이들은 소득의 증대를 위해 피나는 노력을 하고 극단적 절약을 통해 은퇴(노후) 자금을 최대한 빨리, 많이 확보하여 주된 업무에서 벗어나면서 파이어족이 되는 것이다.

파이어족이 된 후로는 개인이 좋아하는 일 위주의 활동을 하며 지내게 된다. 좋아하는 일이나 소소한 일상을 통해 이전 방식과 다른 형태로 소득을 거둘 수도 있는 꿈같은 라이프스타일이다.

그렇다면 얼마의 자산을 모아야 파이어족이 될 수 있을까? 일반적으로 파이어족 희망자들이 제시하는 구체적 목표 수치가 있다. 1년 평균 생활비의 25배를 모은 상태에서 연 4% 수익을 목표치로 하여 운영하면 은퇴가 가능하다고 제시한다. 1년 생활비가 6천만 원(월 5백만 원)이라 볼 때, 25년 치로 계산하면 15억 원이 되는데 이 돈을 만들면 은퇴할 수 있다는 것이다. 이런 방식이 옳다 혹은 그렇지 않다고 판단하는 것은 잠시 미루어 두자. 그보다 먼저 당신이 파이어족에 도전할 수 있다면 적극적으로 도전해 보라고 권하고 싶다.

달성 시점을 정하여 극도의 노력으로 도전하는 자체가 은퇴 자금을 준비하는 우리에게는 필요한 행동일지도 모르는 일이다. 설령 파이어족과 같은 열망을 이루지 못한다고 하더라도 목표를 세우고 실천을 하게 되면 당신의 기준에서 조정된(?) 경제적 자유의 기틀은 분명 이룰 수 있다.

파이어족이 되는 것은 마치 급하고 강한 바람과 같다. 응축된 힘으로 도전해야 이룰 수 있다. 쉬운 도전은 아니다. 하지만 짧은 시간에 경제적 자유를 이루는 것은 노력한 만큼 충분히 가능한 이야기가 된다. 당신이 파이어족이 되지 못한다 해도 전혀 실망할 필요가 없다. 짧은 시간에 이루지 못할지라도 노후 경제적 자유는 얼마든지 해볼 만한 도전이 될 수 있다.

파이어족이 어렵게 느껴진다면 생각의 방법을 바꾸어 접근해 보자. 실현 가능한 수치를 볼 수 있도록 접근하는 것이다.

생애소득이라고 들어 보았는가? 당신이 생애기간 동안, 평생 벌어들이는(벌 수 있는) 총소득을 뜻한다.

티파니 줄리앙(Tiffany Julian)은 미국 국민의 교육수준별 생애소득을 추정하여 ACSBR[4] 보고 연구서를 발표한 적이 있다. 교육수준별로 소득이 다르지만 학사학위 소지자 기준으로 살펴보면, 그들의 생애소득 평균은 240만 달러에 이른다고 추정했다. 동일한 방식을 활용하여 우리에게 적용해 보자. 어렵지 않게 수치화할 수 있을 것이다.

생애소득 추정 방식은 비교적 간단하다. 전 생애기간 평균 연봉을 먼저 추정한다. 개략적 추정도 가능하고 취직 이후부터 과거 급여 합산금액과 미래 급여 인상률과 퇴직까지의 잔여기간을 기산하여 총소득 금액을 구한 후 평균치를 산정한다. 이렇게 해서 산정된 나의 생애 평균 연봉이 5천만 원이고, 총 일하는 기간을 30년으로 가정하면 나의 생애소득은 총 15억 원으로 추정할 수 있다. 생애 평균 연봉과 일하는 기간을 다르게 산정하면 생애소득은 물론 달라진다.

계산해 보라. 당신의 생애소득이 뜻밖에 많을 수도 있다. 추정 생애소득을 계산한 뒤, 그중 당신은 얼마의 금액을 모을 수

---

4 American Community Survey Briefs

있겠는지 가늠해 보라. 당신이 자산 형성을 할 수 있는 많은 기회가 있을 수 있다.

토끼와 거북이 우화를 잘 알고 있을 것이다. 토끼는 자신의 빠른 속도를 자신하며 거북이를 얕본다. 결국 경쟁자 없는 경주에 나태해진 토끼는 한가롭게 낮잠까지 청한다. 하지만 거북이는 멈출 수가 없다. 계속 걸어야만 한다.

이 우화의 핵심은 꾸준함이 승리한다는 것이다. 만약 토끼가 교만하지 않고 계속 달릴 수 있었다면 독보적인 결과를 얻었겠지만, 현실적으로 어려운 일이다. 토끼의 탁월함은 예외로 두더라도 최소한 거북이처럼만 멈추지 않는다면 누구든지 승리의 주인공이 될 수 있다.

예를 들어 종잣돈 목표를 1억 원으로 잡고 소득에서 저축비율을 정해 보라. 달성 시점도 함께 정해야 한다. 목표를 달성하게 되면 1억 원은 투자 자금으로 활용할 수 있다. 그런 다음 2차 종잣돈 달성을 다시 1억 원으로 잡고 저축으로 모으고 이를 달성할 때 즈음 당신의 자산은 2억이 아니라 3~5억 원 또는 그 이상으로 증가할지 모른다.

성향에 따라 투자하는 대상은 다르겠지만, 만약 초기에 모은 종잣돈을 부동산에 투자한다면 부동산의 자산 증가는 고스란히 본인 몫이 되기 때문에 당신의 자산 증가는 속도가 붙을 것이다. 이런 사이클을 한두 번 추가로 진행하면 탄력이 붙을 것이고 자산 증식의 가속도를 경험할 것이다.

여기서 잠깐!
자산 증식 과정에서 조심해야 할 사항 몇 가지를 짚고 가자.

- 단기에 지나치게 집착하거나 집중하지 마라.
- 자기통제 부족으로 인한 과소비와 지나친 부채는 삼가야 한다.
- 자기 투자 능력을 너무 과신하여 거액의 수익을 쫓아가지 마라(주위에 그런 경우가 있다 하더라도 그것은 나와 상관없다고 여겨라).
- 나쁜 결정을 합리화하지 마라.
- 통계(수치)보다 스토리에 설득되지 마라.
- 수익성 있는 상품을 팔고 손실상품을 계속 보유하는 오류에 빠지지 마라(손실회피 성향을 피하라).

그리고 재무 목표를 달성한 이후에도 지켜야 할 기본자세가 있다.

- 시장의 근본 가치를 알도록 노력과 공부를 지속해야 한다
- 검소함을 유지하라(부富를 이루기도 어렵지만 부富를 유지하는 것도 매우 어렵다).
- 절약은 부를 유지하는 가장 중요한 요소다.
- 겸손을 잃지 않도록 하라.
- 지속 가능한 富는 잃지 않는 것에서 시작된다.

당신은 거북이 부자가 될 자질이 충분하다. 생애소득의 1/2 이상을 충분히 모을 수 있지 않을까? 지금껏 도전이 없었을 뿐이다.

> **노후 삶을 바꾸는 힘 3 :**
> **인생은 단거리가 아니다. 지구력!**

특별한 내용이 없어 보이는가? 3가지 힘의 내용을 보면 이미 당신이 알고 있다고 그냥 넘기지 않았으면 한다. 머리로는 알고 있으나 당신 것이 되어 있지 않다면 아직 진가를 경험하지 못한 것이다. 3가지 힘을 실천해 보고 수년 뒤 당신의 모습을 점검해 보라.

남들이 부러워하는 모습이 되지 않아도 염려하지 마라. 실천하고 있는 당신 자체가 위대함이다. 자신을 격려하면서 조급하지 말고 긴 호흡으로 대응하라. 노후 경제적 자유는 당신 옆자리를 메우고 있을 것이다.

에필로그

"儉而不陋 活而不擾"

S 씨(49년생, 남)는 중학교를 졸업할 무렵 실업계 고등학교에 진학해서 기술을 배우고 싶어 했다.

어려운 그의 가정 형편은 그 꿈마저도 좌절시켰다. 그때부터 S 씨는 식당 아르바이트, 신문배달, 책 영업 등 돈을 벌 수 있는 일이라면 무엇이든 가리지 않았다.

엄혹한 세상에서 그가 가진 무기는 '성실함'뿐이었다. 흘린 땀이 많을수록 가난에서 벗어날 수 있다는 단순하고 명료한 생각으로 그는 자신의 삶을 개척해나갔다. 생 일꾼인(특별한 지식이 필요 없는 몸으로 하는 일을 하는 사람) 그에게 여행이나 취미활동같이 다른 이들이 누리는 소소한 경제적 여유는 있을 리 만무했다.

정직하게 번 돈으로 조금씩 저축해가며 목돈을 마련해 갔다. 비록 젊어서 고생하지만 노후는 여유롭고 풍요로운 생활을 꿈꾸며 희망을 갖고 우직하게 자신의 삶을 살아나갔다. 그렇게 20대와 30대, 40대, 50대를 지나 60대가 되었을 때 S 씨는 자그마한 5층짜리 상가건물을 매입했다. 임대수입과 연금 덕에 70대가 된 그는 은퇴를 할 수 있었다.

  수년전 큰 병을 앓았던 아내는 그가 정성으로 간호하며 치료를 받고 건강을 회복하였다. 지금은 부부가 함께 운동도 하고 취미생활과 각종 모임에 함께 다니며 노후를 보내고 있다.

  비록 젊은 시절의 삶은 녹록치 않았지만 오히려 그러한 환경이 자신을 더욱 단단하게 만들었다고 그는 늘 감사한 마음으로 살아가고 있다.

  검소하지만 누추하지 않고, 생기있으나 요란하지 않은 그의 노후의 삶에 존경심이 든다. 나 또한 그러한 노후를 맞이하기를 상상해 본다.

儉而不陋 活而不擾 (검이불루 활이불요)
검소하나 누추하지 않고 활기가 있으나 요란하지 않다